Coen Simon
Warten macht glücklich!

Coen Simon

WARTEN MACHT GLÜCKLICH!

Eine Philosophie der Sehnsucht

Aus dem Niederländischen
von
Ira Wilhelm

Titel der Originalausgabe: Wachten op geluk © 2012 Coen Simon
Published by special arrangement with Niew Amsterdam Publishers in
conjunction with their duly appointed agent 2 Seas Literary Agency.

N ederlands
letterenfonds
dutch foundation
for literature

Die Übersetzung dieses Buches wurde von der niederländischen
Stiftung für Literatur gefördert.

Die Deutsche Nationalbibliothek verzeichnet diese Publikation
in der Deutschen Nationalbibliografie; detaillierte bibliografische Daten
sind im Internet über http://dnb.d-nb.de abrufbar.

Der Konrad Theiss Verlag ist ein Imprint der WBG.

© 2015 by WBG (Wissenschaftliche Buchgesellschaft), Darmstadt
Die Herausgabe des Werkes wurde durch die Vereinsmitglieder
der WBG ermöglicht.
Satz: Vollnhals Fotosatz, Neustadt a. d. Donau
Einbandgestaltung: Stefan Schmid Design, Stuttgart
Gedruckt auf säurefreiem und alterungsbeständigem Papier
Printed in Germany

Besuchen Sie uns im Internet:
www.wbg-wissenverbindet.de

ISBN 978-3-8062-3031-4
Elektronisch sind folgende Ausgaben erhältlich:
eBook (PDF): 978-3-8062-3093-2
eBook (epub): 978-3-8062-3094-9

Ich klopfe an die Tür des Steins.
„Ich bin's, mach auf.
Lass mich ein,
ich will mich umschaun in dir,
dich einatmen wie die Luft."

„Geh weg", sagt der Stein.
„Ich bin dicht verschlossen.
Sogar in Teile zerschlagen,
bleiben wir dicht verschlossen.
Sogar zu Sand verrieben,
lassen wir niemanden ein."

WISŁAWA SZYMBORSKA
(aus: Gespräche mit dem Stein, aus: Salz 1962)

INHALT

ZUM ANFANG
Eine Zeichnung auf der Küchentür

JEDES MAL, WENN ICH für ein paar Tage verreise, hinterlasse ich den Kindern eine Zeichnung. Entweder auf einem Zettel oder auf ihrer Kindertafel. Mit wenigen Strichen male ich dann einen Zug oder ein Auto, aus deren Fenster ein Männchen winkt – das bin ich. Die Zeichnungen ersetzten nach der Geburt der Kinder die Wörter, die ich bis dahin für meine Frau aufgeschrieben hatte.

Eines Morgens, als ich gerade zu einer längeren Reise aufbrach, fiel mir die Zeichnung erst in letzter Minute ein. Ich stellte meine Reisetasche vor die mit Tafelfarben bestrichene Küchenschiebetüre und griff mir ein Stück Kreide aus dem Schälchen auf dem Kühlschrank. Wir hatten verabredet, uns eine Woche später im Amsterdamer Haus meiner Schwiegermutter wiederzusehen. Meine Frau würde mit den beiden Kindern in unserem blauen Citroën Berlingo dorthin fahren.

Die Zeichnung des Hauses meiner Schwiegermutter fiel viel zu groß aus, doch statt alles wegzuwischen und noch mal neu anzufangen, malte ich rasch weiter. Mit ein paar Strichen skizzierte ich die Nachbargebäude und danach mich, wie ich aus dem Fenster des zweiten Stocks schaue und mit einem breiten Grinsen einem etwas plump ausgefallenen Berlingo zuwinke. Da ich ja nur zwei Dimensionen zur Verfügung hatte, fürchtete ich, meine Familie würde nicht erkennen, was ich gezeichnet hatte, und malte mit farbiger Kreide das Auto blau und das Haus hellorange an, mit gelb kam noch ein fingernagelförmiger Mond und am Ende ein Bürgersteig mit vier typischen Amsterdamer Pollern dazu, dann war es höchste Zeit aufzubrechen.

Dieser gezeichnete Gruß war wie das geschriebene „Auf Wiedersehen" dazu gedacht, mich bei den Zurückbleibenden zu ersetzen, bis ich *in persona* wieder anwesend sein würde. Doch mit der Zeit diente das Ritual der Abschiedszeichnungen auch dazu, mein eigenes Heimweh zu besänftigen.

Wir wischten die Zeichnung auf der Türe niemals weg. Bis heute zwängen wir unsere Einkaufsliste auf die verbliebene Freifläche oben neben dem Mond.

Als ich eines Abends überlegte, wo ich das Wort „Spülmittel" noch unterbringen könnte, fiel mein Blick auf das Bild und ich erinnerte mich an den Tag vor einem Jahr, als ich es malte.

Ich fragte mich, warum Sehnsüchte, einmal vergangen, so schnell veralten. Meiner Meinung nach liegt es weniger daran, dass man sie mit der Zeit hinter sich lässt, als daran, dass kein Bild eine Sehnsucht erschöpfend darstellen kann. Schuld daran sind jedoch nicht die unzulänglichen Darstellungsmittel, sondern das unergründliche Wesen jeder Sehnsucht.

Die Darstellungen der Sehnsüchte mögen noch so unvollkommen sein, jede Sehnsucht verlangt nach einer Verkörperung. Diese ist es nämlich, nach der wir uns eigentlich *sehnen*.

Die Kreidezeichnung als Ausdruck der banalen Sehnsucht einer Familie, zusammen zu sein, bewahrte außerdem die Erinnerung daran, wie wir waren als die Zeichnung entstand, und welche Gefühle ich damals hegte. Mir wurde klar, dass meine Sehnsucht niemals erfüllt worden war. Dabei haben wir uns nach der knappen Woche durchaus bei meiner Schwiegermutter in Amsterdam getroffen, alles war nach Plan verlaufen. Der Grund ist, dass die Freude des Wiedersehens sich nie deckt, mit dem, worauf man sich in der Zeit vor dem Wiedersehen so freut.

Worin aber liegt der tiefere Sinn des Sich-Sehnens nach etwas? Beim Wiedersehen begegnen sich Menschen nach einer Trennung wieder und zweifeln nicht daran, dass es damit seine Richtigkeit hat: Man ist wiedervereint und geht zum gemeinsamen Alltag über, bis man sich wieder für eine kürzere oder längere Weile trennen muss. Doch was vermisst man eigentlich, wenn man eine andere Person vermisst? Fehlt uns einfach nur dessen Gegenwart oder etwas, was uns auch dann fehlt, wenn wir zusammen sind? Zum Beispiel das Bedürfnis, sich im anderen aufzulösen als wäre man eine einzige Person? Worüber reden wir, wenn wir zusammen sind? Worüber lachen wir? Und worüber weinen wir?

Verhalten wir uns nicht auch dann, wenn wir zusammen sind wie eine Zeichnung, die an unsere Stelle tritt, wenn wir für eine Weile weg sind? Ersetzt das Spiel um die Anwesenheit am Ende nicht das, was wir wirklich ersehnen?

Und ist nicht jede Verbindung – die zwischen Mensch und Mensch, Mensch und Welt, Mensch und Zeit – nur ein Ersatz für eine Verbindung, bei der sich solche Fragen gar nicht stellen? Von dieser Art Sehnsucht handelt dieses Buch. Von den Darstellungen, Bildern und Verkörperungen, die an die Stelle dessen rücken, wonach wir uns sehnen, was wir haben und besitzen wollen, ohne es jemals zu können.

So verstanden ist dieses Buch, wie alle Bücher, ein Surrogat dessen, was ich eigentlich sagen will, wofür es aber keine Worte gibt.

1 SCHAU DICH NICHT UM
Der Wille zu leben

ES IST MEIN GEBURTSTAG. Anfang Juni. Nachts gab es noch Bodenfrost. Unser erstes Kind hätte eigentlich an diesem Tag geboren werden sollen, doch es war nicht gekommen. Obwohl wir schon eine ganze Weile mit Warten verbracht hatten, verwandelte sich dieses Warten von nun an in eine andere der vielen Arten des Wartens.

Das erste Warten war mir erspart geblieben. Nachdem meine Frau zu Hause über den Schwangerschaftsstreifen gepinkelt hatte, musste sie warten, ob sich darauf das erste Lebenszeichen unseres erwünschten Kindes abzeichnen würde. Weil sie mir die frohe Botschaft jedoch nicht am Telefon verkünden wollte, musste sie abermals warten, bis ich nachts enorm verspätet von einem Termin aus Den Haag zurückkam. Von da an warteten wir gemeinsam. Doch dieses Warten war keineswegs unangenehm, denn es tauchte unseren Alltag in ein besonders Licht, so wie manche sonnigen Tage den Genuss eines Glases Milch zu reiner Poesie werden lassen. Alles nahm die Farbe des Wartens an: der Umzug, ein Einkauf, der Himmel, die Sonne, der Regen, die neuen Nachbarn, der Geschmack der Zigarette, das neue Laub an den Bäumen, der Balzflug einer Ringeltaube.

Doch als sich unsere Tochter an meinem Geburtstag noch immer nicht einstellen wollte, und auch nicht am darauffolgenden Pfingstwochenende schlich sich leichte Ungeduld in unser Warten ein. Selbstverständlich handelte es sich dabei nicht um jene empörte Ungeduld, die einen überfällt, wenn zur Abfahrtszeit vom Zug noch nicht das geringste Zeichen zu sehen ist. Wir hielten die Verzögerung eher für ein erstes Vorzeichen der späteren Neigung unseres ungeborenen Kindes, es mit verabredeten Zeiten nicht so genau zu nehmen. Aber unser Warten war nicht länger harmonisch. Wer die Geduld nicht verlieren will, sollte am besten keinen um sich haben, der ebenfalls ungeduldig ist. Nun, da das Kind offensichtlich selber bestimmten wollte, wann es geboren werden wollte – womit die Grenzen aller geburtshelferischen Berechnungskunst erreicht waren – schien unser Leben in den Pausemodus zu wechseln. Es konnte passieren, was wollte, man konnte tun, was man wollte: Die Geschichte nahm unbeirrt ihren Lauf. Obwohl die Vögel morgens genauso laut zwitscherten wie bisher, klang ihr Gesang jetzt nicht länger erwartungsvoll, sondern eher gewöhnlich.

Während dieser Pausenzeit kratzte ich an einem der ersten warmen Abende Moos aus den Pflasterfugen im Hof. Als es dämmerte ging ich ins Haus und setzte mich zu meiner wartenden Frau aufs Sofa.

„Wieder sauber", sagte ich. Etwas geistesabwesend deutete sie mit dem Finger auf meinen Mund: „Du hast da noch was zwischen den Zähnen." Ich stocherte mit dem Finger in meinen Zähnen und starrte einen Augenblick später verdutzt auf ein Stück Salat vom Abendessen. Wir mussten lachen. Doch das Lachen blieb uns im Halse stecken, denn die Fruchtblase platzte.

Plötzlich hatten wir es eilig. Da wir aber eine so lange Zeit mit Warten verbracht hatten, konnten wir so schnell nicht damit aufhören. Alles war vorbereitet, wir mussten nur diesen duldsamen Pausemodus überwinden. Die abstrakte Idee des Schwangerseins hatte uns wie ein Luftballon hoch über die Welt erhoben und uns eine Übersichtlichkeit beschert, die wir unten auf der Erde nie gehabt hatten. Mechanisch machte ich mich an die Umsetzung unserer Vorbereitungen. Ich legte eine Plastikfolie aufs Sofa und hängte mir eine Stoppuhr um den Hals, um die Zeiten zwischen den Wehen zu messen. Ganz allmählich sank die abstrakte Idee aus ihrer Höhe herab und die profanen Tätigkeiten übernahmen das Zepter.

Das Dorf schlief, als wir endlich bereit waren für ein neues Warten.

Auch wenn Warten immer unlösbar verbunden ist mit dem, worauf man wartet, kann ich nicht behaupten, gewusst zu haben, worauf ich wartete, bevor ich Vater wurde. Ich frage mich, ob diese Ahnungslosigkeit nicht für alle Sehnsüchte gilt. Meistens tun wir so, als knüpfe Sehnsucht ein Band zwischen dem Sehnenden und dem Ersehnten, ein Band, das mal straffer und mal lockerer gespannt ist und manchmal sogar reißt – das ist dann die ungestillte Sehnsucht. Doch wie sehr müssen wir die Metapher des Bandes strapazieren, um damit das ganze Wesen der Sehnsucht einfangen zu können? Irgendwas stimmt mit der Chronologie nicht. Wir tun so, als befänden wir uns anfangs in einem Zustand der Interesse- und Bedürfnislosigkeit, sähen uns konfrontiert mit einer Welt voller Gegenstände und Menschen, die uns zunächst nichts angehen und die wir objektiv beurteilen zu können glauben. Und eines schönen Tages beschließen wir dann, uns nach diesen Gegenständen und Menschen zu sehnen?

Schwer vorstellbar. Ohne dass uns nach etwas verlangt, können wir nichts zu schätzen wissen. Wir leben in einer Welt des Verlangenmüssens.

Egal, wie logisch es auch erscheinen mag: Der Gegenstand ist nicht der Auslöser unseres Verlangens. Hätte der Mensch nichts Begehrenswertes um sich, würde er so lange warten, bis es etwas gäbe, worauf gewartet zu haben es sich lohnte. Der Mensch besteht vor allem aus Begehren. Deshalb wohl projiziert er diese Sehnsucht auf das Objekt der Begierde und hält es danach irrtümlicherweise für die Ursache der Sehnsucht selbst.

Was aber ist wirklich die Ursache unserer Begierde? Woher kommt dieses „Wollen"? Arthur Schopenhauer (1788–1860) zufolge, dem „Philosoph des Willens", ist diese Frage nicht zu beantworten. Die Ursache der Existenz des Willens entzieht sich unserer Kenntnis. Aber wie der Wille beschaffen ist, wie wir ihn empfinden, das braucht, so sagt Schopenhauer, nicht im metaphysischen Dunkel zu bleiben: „Ich sage daher, daß die Lösung des Räthsels der Welt aus dem

Verständniß der Welt selbst hervorgehn muß; daß also die Aufgabe der Metaphysik nicht ist, die Erfahrung, in der die Welt dasteht, zu überfliegen, sondern sie von Grund aus zu verstehn […]." Schopenhauer widmete sein ganzes Leben der Analyse dieser Erfahrung. Schopenhauer war dreißig, als die erste Fassung von *Die Welt als Wille und Vorstellung* erschien, und er arbeitete daran bis kurz vor seinem Tod.

Der Philosoph beschreibt den Willen als eine unerschöpfliche Kraft, die alles Leben durchdringt, in Gang hält und sowohl hier wie jenseits der wahrnehmbaren Wirklichkeit nicht zu erkennen ist, genau wie das berühmte „Ding an sich" seines Vorgängers Immanuel Kant (1724–1804). Kant behauptet, dass das, was wir wahrnehmen, nur aus Vorstellungen bestehe, die auf dem Sein beruhen, wie es „an sich" sein muss. Ich bin ein großer Bewunderer von Kant, dennoch kann ich mir von diesem Ding an sich nur schwerlich eine Vorstellung machen.

Da Raum und Zeit bekanntermaßen keine Eigenschaften der Dinge selbst seien, müssen wir, sagt Kant, annehmen, dass außerhalb unserer Vorstellung von der Welt noch eine Wirklichkeit an sich bestehe, die unbeeinflusst sei von den Kategorien Zeit und Raum. Klar wie Kloßbrühe, doch reichlich theoretisch. Eine „Wirklichkeit", von der wir nichts wissen können, erweckt kaum unsere Neugier. Und obwohl Schopenhauers unerkennbarer Wille den gleichen Status besitzt wie Kants Welt an sich, spüren wir die Auswirkungen des Willens ständig: Wir *wollen* nämlich immer etwas, auch wenn wir nichts wollen. Und dieses Wollen offenbart sich als individueller, freier Wille. Allerdings, sagt Schopenhauer, ist der menschliche Wille lediglich eine begrenzte Manifestation des einen großen Willens.

Aber auch dann bleibt ein Wille jenseits der Erfahrbarkeit eine nur mühsam vorstellbare Angelegenheit. Es ist schon schwierig genug, sich klar zu machen, dass man nicht über seinen eigenen Willen verfügt, das heißt, man es nicht selbst ist, der in erster Instanz will. Vor allem in einer Zeit, in der vom Individuum erwartet wird, dass es weiß, was es will, und seine Sehnsüchte und Wünsche gegeneinander abwägt. Allerdings: Warum sollten wir Rücksicht nehmen auf etwas, was unsere eigene Wahrnehmung übersteigt? Kann das, was sich jenseits unseres Wissens abspielt, überhaupt unsere erkennbare Existenz beeinflussen?

Als siebenjähriger Junge hatte ich keine Ahnung, dass es außer unserer Welt noch eine Welt geben könnte, die sich uns auf unvorstellbare Weise entzieht. Dennoch bildete wohl genau diese ungreifbare Existenz den Auslöser für eine Erfahrung, die mich bis in meine Grundfesten erschütterte.

Es begann ganz harmlos. Unsere Familie war nach Haren gefahren, um Großvaters Geburtstag zu feiern. Wie immer langweilte ich mich, ohne dass es mir was ausmachte. Der Riesling und das Käsegebäck müssen schon aufgetischt worden sein, denn anschwellendes, gelegentlich in lautes Gelächter übergehendes Gemurmel, übertönt von der lauten Stimme meiner Tante, die sich später mit allen verstritt, flutete durch die Wohnzimmertür in die Halle, wo ich gerade auf dem weißen, langfloringen Teppich stand, der sich über die Treppe hinauf bis in den ersten Stock zog. Das

Ticken der antiken Standuhr, in der, wie meine Großmutter immer sagte, das jüngste Zicklein vom Wolf und den sieben Geißlein Platz gehabt hätte, verlieh der hier herrschenden Stille eine gewisse Würde.

Wer sich langweilt, dessen Aufmerksamkeit will erregt werden. Gedankenlos ließ ich meinen Blick über die Gegenstände in der Halle schweifen, auf der Suche nach etwas, was mich von meiner Untätigkeit erlösen könnte: über den Spazierstock im Schirmständer, die Gardine vor dem hohen, schmalen Fenster an der Tür, den Schlüssel im Schloss des Garderobenschranks, die Fotos an der Wand neben der Wohnzimmertür. Auf einem der Fotos war die ganze Familie zu sehen, die sich gerade im Wohnzimmer befand. Alle standen im Garten und schauten mich freundlich schweigend an. Es war Sommer und ich hockte in kurzer Hose, Kniestrümpfen und Sandalen neben meiner Mutter auf der Erde. Jochem, unser Boxer, war der einzige, der nicht Richtung Kamera schaute. Die Krawatte meines Vaters lag quer über dem Revers seines Jacketts. Sie war aufgeflattert, als er vom Stativ zu uns herüber gerannt war. Tante Dien und er hatten den gleichen schalkhaften Ausdruck im Gesicht, den man oft bei ihnen beobachten konnte. Ob das der Grund war oder die Stimmen hinter der Wohnzimmertür, weiß ich nicht, jedenfalls fühlte ich mich auf einmal von den Blicken aus der Vergangenheit beobachtet. Ich wusste, dass das unmöglich war, doch zur Sicherheit trat ich einen Schritt zur Seite. Es half nichts, alle starrten mich an, sobald ich den Blick auf sie richtete. Immer weiter rückte ich vom Bild weg, bis ich mit der Schulter gegen die Wand stieß. Erst als ich mich mit dem Rücken an der Standuhr auf den Boden gleiten ließ, war ich die durchdringenden Blicke los. Ich blieb solange sitzen, bis ich mir sicher sein konnte, dass das Foto wieder stillstand und nur die Momentaufnahme einer abgeschlossenen Vergangenheit zeigte. Doch kaum wagte ich es wieder hinzuschauen, starrten mich alle an, sie hatten sich noch immer gegen mich verschworen. Sogar Onkel Jouke ganz rechts auf dem Foto, der es immer gut mit allen meinte, beteiligte sich am Komplott gegen den kleinen Neffen, der sie aus der Zukunft heraus anglotzte.

Ich war alt genug, um zu wissen, dass das Ganze nur auf einer Sinnestäuschung beruhte. Trotzdem konnte ich mich von der Fotografie nicht losreißen. Ich beschloss nachzugeben – vielleicht um herauszufinden, wie stark meine Wahnvorstellung tatsächlich war. Da geschah etwas Unerwartetes: Das böswillige Spiel, das meine abgelichteten Familienmitglieder mit mir zu spielen schienen, war schlagartig zu Ende. Stattdessen offenbarte sich mir die Endgültigkeit, die in der Fotografie verborgen lag, und ich sah nur noch Unschuld, dieselbe Unschuld, die der Anblick eines Toten hervorruft. Nicht nur der festgehaltene Augenblick war für alle Zeiten vergangen, sondern auch wir, wie wir in jenem Augenblick gewesen waren, mitsamt aller Gedanken und Absichten, die wir hegten, während wir posierten und auf das Klicken des Selbstauslösers warteten: für immer verloren. Statt einen Augenblick zu verewigen, brachte das Foto zum Ausdruck, dass das alles verschwunden war. Wieder drang Gelächter aus dem Wohnzimmer, und mir wurde klar, dass auch dieses Gelächter irgendwann für immer verloren sein würde. Je näher ich dem anwesenden Leben kommen wollte, indem ich meine Erfahrung als Sinnestäuschung entlarven wollte, desto mehr schien Anwesenheit etwas zu sein, was so schnell verschwindet wie ein Geräusch verstummt.

In diesem Moment öffnete sich die Wohnzimmertür. Plötzlicher Lärm und Weindunst verdrängten die Stille in der Halle. „Hier ist Coen", rief meine Tante über die Schulter zurück in Richtung meines Cousins, der auf dem Foto neben mir gesessen hatte.

Als wir am Abend in unserem Volvo zurück nach Hause fuhren, legte ich den Kopf an das kalte Autofenster. Während die dunkle A 28 unter uns hindurchsauste, ging mir ständig ein Satz durch den Kopf, den ich nicht verstand, dessen Wahrheit ich aber instinktiv erfasste: *Ich bin eher nicht, als dass ich bin.*

Die Unmöglichkeit, nicht mehr zu einem vergangenen Augenblick zurückkehren zu können, akzeptieren wir problemlos als Sehnsucht nach dem Früher, doch was mich an jenem Sonntag in meiner Kindheit so verwirrte, war, dass ich die Unmöglichkeit spürte, auch in der Gegenwart vollkommen anwesend zu sein. Selbst der kürzeste gegenwärtige Augenblick ist in ein Kommen und ein Gehen unterteilt. Um zu existieren, muss etwas sozusagen *von Dauer sein*, aber etwas kann nur dann von Dauer sein, wenn ein Teil davon bereits vergangen ist. Dadurch verhält es sich genauso wie mit einer einzelnen Musiknote in einem Musikstück. Das Stück erklingt nur mithilfe von Noten, die gerade verklungen sind, und von Noten, die den Kompositionsprinzipien zufolge noch erklingen müssen. Hierin liegt der Trost der Musik: Die Musik ist weit besser als unser Gedächtnis imstande, das Vergehende (die gespielten Noten) festzuhalten. Ohne Musik würden wir ständig schweben zwischen dem Vergessen und dem Noch-nicht-Wissen.

Und dieser eine kleine Moment von Gegenwärtigkeit, auf dem wir täglich balancieren, verschafft uns ein Übermaß an unerreichbarer Realität und ungenutzten Möglichkeiten: ein Übermaß, das sich nie offen zeigt, in diesem einen Bruchteil der Anwesenheit aber dennoch mitschwingt. Vielleicht wollte Neil Young 1979 mit seinem Song *„There's more to the picture than meets the eye"* genau das ausdrücken. Hinter unserer Vorstellung der Welt verbirgt sich viel mehr als das, was wir wahrnehmen. Das jenseits der Erfahrbarkeit sich Befindliche mag zwar unerreichbar bleiben, dennoch beeinflusst es unaufhörlich das, was wir von der Welt zu Gesicht bekommen.

Als gleichzeitig mit der Ankunft meiner Tochter meine Vaterschaft in die Welt trat, schien alles neu für mich zu sein. Abgesehen davon, dass mein Leben plötzlich vom ungestümen Willen eines anderen Wesens bestimmt wurde – ich fragte mich, wie andere das machten, wie meine Eltern das hingekriegt hatten und warum ich noch nie jemanden vorher darüber hatte reden hören –, war vor allem sie neu: unsere Tochter.

Noch heute sehe ich ihren Blick vor mir, als die Hebamme sie im Schwung der letzten Presswehe meiner Frau auf den Bauch legte. In ihrem Blick lag mehr Gelassenheit als Überraschung. Sie war natürlich nur für uns ein neuer Mensch, nicht für sich selbst. Ein vollständiger Mensch, mit einem eigenen Blick und einem eigenen Willen.

Und da war sie dann, genau so, wie sie sein musste und kein Haar anders. Obwohl die Biologie dieser simplen Wahrheit widerspricht, denn hätten meine Frau und ich uns zu einem anderen Zeitpunkt geliebt, es wäre ein anderes Kind dabei herausgekommen.

Doch auch wenn sie scheinbar so war, wie sie sein musste und nicht anders, würde nur ein Idiot von seinem neugeborenen Kind behaupten: „Ja, es ist genau so, wie ich es mir vorgestellt habe, haargenau so."

Unsere Tochter war ohne Einschränkungen und in der Fülle ihrer Existenz das Objekt unserer neu entdeckten elterlichen Sehnsucht, dabei hatten wir das zunächst gar nicht gewollt, denn so etwas *kann* man gar nicht wollen. Vor ihrer Ankunft konnten wir uns von ihr keine Vorstellung machen. Wie soll man auch etwas wollen, was man nicht kennt? Kurz, dieses bestimmte Kind war es nicht, das wir uns in den neun Monaten des Wartens gewünscht hatten, aber als unsere Tochter einmal da war, wollten wir sie und keine andere. Wir taten so, *als ob* wir gewusst hätten, dass wir die ganze Zeit nur auf sie gewartet hatten.

Und umgekehrt: Wer ersehnt schon die Welt, bevor er einen Fuß auf sie setzt – trotzdem wollen wir sie von Anfang an und ohne Unterlass. Der Wille und die Welt sind wie die Sonne und ihre Himmelskörper: Sie werden erst sichtbar, wenn sie versehentlich in die Bahn des anderen geraten. Die Welt verdankt ihre Anwesenheit unserem Willen, und unser Wille wird sichtbar durch die Welt.

So war es auch, als Orpheus Gesang Eurydikes Ohr erreichte und er sie erstmals tanzen sah. Er kannte Eurydike, bevor er wusste, wie sie hieß. Er schien schon immer nur für sie gesungen zu haben, als ob er sie überall gesucht und endlich gefunden hatte. Tanzen und Gesang gehören untrennbar zusammen, wäre Eurydikes Schönheit je offenbar geworden ohne Orpheus Musik? „Apollon selbst, der melodische Gott, schenkte ihm ein Saitenspiel, und wenn Orpheus dasselbe rührte und dazu seinen herrlichen Gesang, den seine Mutter ihn gelehrt hatte, ertönen ließ, so kamen die Vögel in der Luft, die Fische im Wasser, die Tiere des Waldes, ja die Bäume und Felsen herbei, um den wundervollen Klängen zu lauschen. Seine Gattin war die holdselige Najade Eurydike, und sie liebten sich beide auf das zärtlichste." Wäre die Schönheit von Orpheus' Musik je erhört worden ohne Eurydikes Regsamkeit und die der Welt? Eurydike und Orpheus sind ein Sinnbild des symbiotischen Verhältnisses zwischen Welt und Wille.

Doch da liegt der Hase im Pfeffer. In dem Moment, in dem ihre harmonische Sehnsucht sich zu erfüllen scheint, wird Eurydike von einer giftigen Schlange gebissen und stirbt. Das Objekt von Orpheus' Begierde verschwindet im Totenreich. Er ist fassungslos. „Dulden wollt' ich als Mann, und strengte mich; aber es siegte/Amor." Er will sie wiederhaben und beschließt, sie aus der düsteren Welt des Hades zu befreien: Er wagt es, „hinab zur Styx durch des Tänarus Pforte zu steigen." Und „durch luftige Scharen bestatteter Totengebilde/ Naht er Persephonen nun, und des anmutlosen Bezirkes/ Könige drunten in Nacht; und sanft zum Getöne der Saiten/ Singet er [...]." Mit Erfolg: „Blutlos horchten die Seelen und weineten. Tantalus haschte/ Nicht die entschlüpfende Flut; und es stutzte das Rad des Ixion;/ Geier zerhackten die Leber nicht mehr; die belischen Jungfrau'n/ Rasteten neben der Urn'; und Sisyphus saß auf dem Marmor."

Es dürfte keine Überraschung sein, dass ausgerechnet Musik dem Warten Einhalt gebietet. Takt und Rhythmus der Musik spielen mit der launischen und herrischen Zeit, die unablässig die Distanz zwischen Orpheus und Eurydike, zwischen dem Begehren und dem begehrten Objekt misst. In der Musik vergessen wir das Warten, sie lässt unsere Sehnsüchte erhabener wirken. Das eingebildete Band zwischen mir und dem Gegenstand meines Begehrens ist gespannt wie eine Saite. Das Begehren selbst wird nun von der Musik erbracht und erwartet nicht länger eine unmittelbare Stillung.

Mit seinem Spiel erweicht Orpheus die Götter, Hades verspricht, Eurydike gehen zu lassen. Orpheus darf sie mit sich in die Oberwelt führen, doch, wie jeder weiß, nur unter einer Bedingung, „Daß er die Augen zurück nicht wendete, bis er entflohen [...]." Kaum jedoch ist Orpheus in der Oberwelt angekommen, wo die Zeit wieder für ihn zu ticken beginnt, da dreht er sich um. „Jetzo besorgt, sie bleibe zurück, und begierig des Anschauns, /Wandt' er die Augen voll Lieb'; und sogleich war jene versunken./ Streckend die Arm', und ringend, gefaßt zu sein und zu fassen,/ Haschte der Unglückselige nichts, als weichende Lüfte."

Orpheus versucht, sie abermals zurückzuholen, rennt zum Eingang zur Unterwelt – und findet ihn nicht.

Die ersten Wochen unserer neuen Familie waren angenehm monoton. Der späte Nachtfrost wurde abgelöst von einer frühen Hitzewelle. Wie eine Schicht Schnee eine Straße vollkommen in ununterscheidbares Weiß tauchen kann, vermag es Hitze, ganze Tage zu einer Einheit zusammenzuschmelzen: Dieser Eindruck wurde noch verstärkt durch die Regelmäßigkeit, die ein neugeborenes Kind dem Leben auferlegt. Die kurzen Nächte waren nur wenig kühler als die heißen Tage, und zwischen drinnen und draußen war kaum ein Unterschied zu spüren. Den Morgen verbrachten wir im Garten im Schatten der Eberesche und bei Sonnenuntergang spazierten wir durch windstille Straßen mit Blick auf ockerfarbene, langgestreckte Getreidefelder. Die Ärmchen über dem Kopf lag unsere Tochter auf dem Rücken und schien unseren Gesprächen zu lauschen. Die Zeit war wie angehalten, nur diesmal warteten wir auf nichts.

Aus diesem Schlummer wurde ich an einem der ersten verregneten Morgen gerissen. Ich hatte gerade meine Tochter in den Schlaf gesungen, und sie schlummerte unter der Regenabdeckung des Kinderwagens. Der Wetterwechsel war nicht überraschend gekommen, denn wer auf dem Land wohnt weiß, dass wenn mehrere Tage und Nächte hintereinander die Erntemaschinen brummen, die Bauern das Getreide vor einem baldigen Regen einfahren wollen. Doch angekündigt oder nicht, mit einem Wetterwechsel scheint sich oft das ganze Leben zu ändern. Wo sich bis vor kurzem

Getreidefelder bis zum Horizont erstreckten, war jetzt nur noch feuchter Lehm zu sehen, grau wie der Himmel.

Vom Dorf her kam mir unser Nachbar entgegen. Er war Rentner und führte seinen schwarzen Labrador aus. Da ich mich inzwischen an unser neues Leben gewöhnt hatte – es konnte aber auch am Wetterwechsel liegen –, fiel mir auf, dass ich seit der Geburt unserer Tochter zum ersten Mal wieder so etwas wie Unruhe verspürte. Mich quälte die Frage, was wohl aus ihr werden würde. Was war sie eigentlich für eine Person? Noch konnte sie nicht viel mehr als bei ihrer Geburt, ja, sie hatte noch nicht einmal das erste Mal gelächelt, was viele unserer Freunde, die das Baby besichtigen kamen, für eines der wichtigsten Ereignisse dieser Zeit hielten. Dass sie einfach nur da war, reichte mir plötzlich nicht mehr: Die Zeit meldete sich wieder zu Wort. Der Nieselregen ging in leichten Schauer über.

Als der Nachbar uns fast erreicht hatte, ging ich aus Höflichkeit langsamer, blieb aber, um meine Tochter nicht zu wecken, nicht stehen. Er beglückwünschte mich zur Geburt unserer Tochter. Um ihm einen Blick auf das neue Leben zu ermöglichen, hob ich den Regenschutz etwas, doch in diesem Moment regnete es stärker und ich ließ diesen, eine Entschuldigung murmelnd, rasch wieder sinken. Der Nachbar pfiff nach seinem Hund und machte kehrt, um mich auf dem Heimweg Richtung Dorf zu begleiten. „Das erste Jahr geht rasend schnell vorbei", sagte er, worauf er, vielleicht weil der Gegenstand unseres Gesprächs notgedrungen unsichtbar bleiben musste, sich in Erinnerungen an die Geburt seines eigenen ersten Kindes zu verlieren begann: „So viel wie im ersten Jahr passiert danach nie mehr. Ich rate Ihnen, nehmen Sie ganz bewusst Anteil daran." Und wie ich Anteil daran nehme, fluchte ich innerlich. Seine Worte vergrößerten meine Unruhe über die ungewisse Zukunft meiner Tochter noch. Je mehr er von seinen Kindern erzählte, desto weiter entfernte sie sich von der Gegenwart. Mit gegen die Witterung hochgezogenen Schultern starrte ich auf die Plastikabdeckung des Kinderwagens: Sie war übersät mit winzigen Wasserinseln. Tropfen rannen herab.

Ich achtete weder auf das Dorf noch auf meine Tochter, nur auf die Worte des Nachbarn, die mir das Gefühl gaben, dass das Leben meiner Tochter lediglich Einbildung sei. Dadurch kam mir wiederum mein eigenes Leben vollkommen unwirklich vor. So wie ich jetzt den Kinderwagen vor mir herschob, schien ich ein Statist in einem schlechten Theaterstück zu sein, in einer Szene, bei der die Landstraße zum Dorf den sinnlosen Weg des Menschen symbolisierte: Tag ein und Tag aus, Jahr ein und Jahr aus, Generation für Generation. Und während dieser Zeit warten alle auf das Glück.

Christoph Willibald Glucks berühmte Oper *Orfeo ed Euridice* aus dem Jahr 1762 ist eine modernere Version des antiken Orpheus-Mythos. Bereits 1609 hatte Monteverdi eine Version komponiert, in der Eurydikes Unerreichbarkeit weniger dramatisch erscheint: Orpheus tröstet sich mit dem Sternbild, in das sich seine Geliebte verwandelt hat. Glucks Orpheus will aber mehr als nur die geistige Liebe, er will die irdische, will Eurydike in *Wirklichkeit*, er will ihren Körper spüren oder sterben. Der Gott der Liebe ist gerührt von dieser Opferbereitschaft und vereinigt Orpheus und Eurydike. Doch ist dieses Ende wirklich so tröstlich? Warum klingt Glucks Version so viel trauriger und in gewissem Sinne auch wahrhaftiger als Monteverdis muntere Version?

In seinem Essay „The Sex of Orpheus" weist der slowenische Philosoph Slavoj Žižek darauf hin, dass Gluck mit seiner Version ein Beispiel für die *„failure of sublimation"* darstellt. Der moderne Mensch ohne Gott vermag es nicht mehr, sein Begehren mithilfe einer Idee zu sublimieren, die an die Stelle des ersehnten Objekts rückt.

Der Vorteil der Idee eines überirdischen, vollkommenen Wesens liegt darin, dass wir zur Befriedigung unserer tiefsten Wünsche nicht auf die anderen zurückgreifen müssen, auf die unvollkommenen Wesen des Hier und Jetzt. Darin liegt die Tragik des modernen Menschen: Er will zwar die absolute Kontrolle über die Befriedigung seiner Sehnsüchte, ist sich jedoch nicht klar darüber, dass er diese Autonomie nur durch die Abhängigkeit von anderen erlangt.

Der moderne Mensch ist notgedrungen ein soziales Wesen. Wenn er seine tiefsten Wünsche Wirklichkeit werden lassen will, ist er auf die Wohltätigkeit anderer angewiesen. Dazu muss er wie Glucks Orpheus bereit sein, sich selbst aufzugeben. Ob er das nun will oder nicht.

Als Gluck, der Komponist der tragischen Sehnsucht in einer gottlosen Welt, in Wien starb, ging Johanna Schopenhauer gerade mit dem Kind schwanger, das als Erwachsener diese moderne Sehnsucht in Philosophie zu fassen versuchte. Es war der gleiche Philosoph, der behauptete, dass der Mensch den unaufhörlichen Willen nur mithilfe der Musik zum Schweigen bringen kann.

„Wie alle jungen Mütter", zitiert Rüdiger Safranski in seiner Biographie über Arthur Schopenhauer (1987) Johanna, „spielte auch ich mit meiner neuen Puppe." Aber, so fährt Safranski fort, mit „ihrem Kind als Spielzeug muß Johanna fortan ankämpfen gegen das Gefühl der Langeweile und der Verödung, das sich ihrer zu bemächtigen beginnt". Aus dem schwierigen Verhältnis, das die Mutter und Sohn später entwickelten, muss man schließen, dass in der Familie Schopenhauer willensstarke Individuen um die Vorherrschaft kämpften. Nach dem frühen Tod des Vaters blieb Arthur auch als junger Mann noch stark vom Willen seiner Mutter abhängig. Diese mischte sich zwar ständig in sein Leben ein, zeigte aber kaum mütterliche Gefühle.

Safranski glaubt, dass dieser Mangel an mütterlicher Zuneigung für Arthurs Denken bestimmend war. „Wer die primäre, die mütterliche Liebe nicht empfangen hat, dem wird sehr oft die Liebe zum Primären, zur eigenen Lebendigkeit fehlen. Wem es an grundlegender Lebensbejahung mangelt, nicht aber an stolzem Selbstbewußtsein, der ist, wie Arthur, dafür disponiert, auf alles Lebendige jenen verfremdenden Blick zu werfen, aus dem die Philosophie kommt: die Verwunderung darüber, daß es überhaupt Leben gibt. Nur wer sich nicht in fragloser, weil von Sympathie getragener Einheit mit allem Lebendigen fühlt, dem kann fremd werden, was doch zu ihm gehört: der Leib, das Atmen, der Wille."

30

Tragischerweise ist Schopenhauer vor allem als Pessimist bekannt und nicht als Philosoph, der den Körper und die Musik zu wesentlichen Elementen seines Denkens machte. Mit Kant und der von Schopenhauer abgrundtief verabscheuten Philosophie Hegels erlangte die Vernunft im Denken den Vorrang über das Gefühl. Doch ist das rationale Denken blind und gefühllos für eine Wirklichkeit, der man sich ohne Körper nur nähern, niemals aber mit ihr in Kontakt treten kann. Die Vernunft ist zwar im Besitz manch hübscher Zauberformeln, doch ihr fehlt der Mund, mit dem sie sie aussprechen kann.

Der Leib ist das einzige „Ding unter den Dingen", das wir unmittelbar erfahren können. Er ist uns niemals nur Gegenstand oder Automat, von dem sich unsere Vorstellungen als nackte Tatsachen ableiten. Er ist das einzige Ding, von dem ich die „Beweggründe" kenne. Dieses „Ding", der Leib, erfährt und *erschafft* als solcher Vorstellungen, wird aber gleichzeitig auch selbst als Körper, als Vorstellung erfahren. Von der Welt außerhalb meines Körpers mache ich mir eine Vorstellung, die Welt innerhalb meines Körpers dagegen nehme ich als „Wille" wahr.

Auch wenn wir unseren Körper unmittelbar erfahren können, so spielt im Verhältnis zwischen ihm und uns noch ein anderes, notwendiges, befremdliches Element eine Rolle: Unser Körper gehört nicht nur uns allein, sondern ist auch Teil der Natur. Diese Natur lässt uns atmen und bluten, und sie ist dafür verantwortlich, dass der eigene Wille nicht nur dem Individuum angehört, sondern gleichzeitig Teil eines größeren, außerindividuellen Willens ist. Und so vereint unser Körper die erkennbare Welt und die unerkennbare Welt des Willens in sich. Der menschliche Wille ist ein mangelhafter Wille, ein Splitter des ungeteilten, blinden Weltwillens. In unserem eigenen Willen spüren wir, dass unser Wille nicht unser Wille ist.

Weder die Wissenschaft noch das Denken, sondern die Kunst, und vor allem die Musik, sind nach Schopenhauer imstande, uns für einen Moment von der Unruhe des mangelhaften Wollens zu befreien. Safranski ist der Ansicht, dass Schopenhauer schon in ganz frühen Jahren auf diesen Gedanken stieß, und zwar durch eine Anekdote, die ihm seine Mutter während ihrer Spaziergänge durch Danzig entlang der Speicherinsel erzählte. Im betriebsamen Zentrum der Stadt, umflossen von der Mottlau, „lagerte der ganze schiffbare Handelsreichtum der Stadt: Getreide, Felle, Textilien, Gewürze. [...] Bei einbrechender Dunkelheit wurden die Tore der Speicherinsel geschlossen. Wer jetzt noch auf die Insel sich wagte, wurde von Bluthunden, die man während der Nacht aus ihren Zwingern ließ, zerrissen." Die Mutter erzählte ihm, wie sich einmal ein berühmter Cellist mit dem blutrünstigen Willen der Tiere messen wollte: „Kaum hatte dieser das Tor der Speicheranlagen passiert, als auch schon die Hundemeute auf ihn zustürzte. Er preßte sich an die Mauer und strich mit dem Bogen über sein Instrument. Die Hunde verharrten, und als er dann, mutiger geworden, seine Sarabanden, Polonaisen, Menuette intonierte, da ließen sich die Bluthunde friedlich um ihn nieder und lauschten."

Es ist natürlich nur eine Anekdote, aber mit ihrer Hilfe erkannte Schopenhauer, dass die Musik besser als die

Vernunft imstande ist, den ungestümen Willen im Zaum zu halten, der in jedem körperhaften Wesen wütet.

„Alle möglichen Bestrebungen, Erregungen und Aeußerungen des Willens", so schreibt Schopenhauer in *Die Welt als Wille und Vorstellung*, „alle jene Vorgänge im Innern des Menschen, welche die Vernunft in den weiten negativen Begriff Gefühl wirft, sind durch die unendlich vielen möglichen Melodien auszudrücken, aber immer in der Allgemeinheit bloßer Form, ohne den Stoff, immer nur nach dem Ansich, nicht nach der Erscheinung, gleichsam die innerste Seele derselben, ohne Körper".

Der Musik kann dies gelingen, weil sie, kurz gesagt, nur Stimmungen hervorbringt und nichts anderes darstellen will – was bei einem Werk der bildenden Künste jedoch immer der Fall ist. Musik „könnte gewissermaßen, auch wenn die Welt gar nicht wäre, doch bestehn: [...] Die Musik ist nämlich eine so *unmittelbare* Objektivation und Abbild des ganzen *Willens*, wie die Welt selbst es ist [...]."

Musik stellt keine Idee dar und verweist auch nicht auf einen Zustand in der Wirklichkeit, sie ist solch ein Zustand in der Wirklichkeit selber. Darin liegt ihre Kraft. Die Tonkunst kann deshalb Bluthunde zum friedlichen Zuhören bringen, weil sie von allen Künsten die einzige ist, die es vermag, eins zu werden mit den Stimmungen, die sie erregt. Sie stellt Traurigkeit, Schmerz oder Freude nicht dar, sondern ruft sie hervor. „Dies ist der Ursprung des Gesanges mit Worten und endlich der Oper, – deren Text eben deshalb diese untergeordnete Stellung nie verlassen sollte, um sich zur Hauptsache und die Musik zum bloßen Mittel seines Ausdrucks zu machen, als welches ein großer Mißgriff und eine arge Verkehrtheit ist." „Denn wenn „also die Musik zu sehr sich den Worten anzuschließen und nach den Begebenheiten zu modeln sucht, so ist sie bemüht, eine Sprache zu reden, welche nicht die ihrige ist".

Nach Ansicht Schopenhauers besteht das Wesen des Menschen darin, „daß sein Wille strebt, befriedigt wird und von Neuem strebt, und so immerfort, ja, sein Glück und Wohlseyn nur Dieses ist, daß jener Uebergang vom Wunsch zur Befriedigung und von dieser zum neuen Wunsch rasch vorwärts geht, da das Ausbleiben der Befriedigung Leiden, das des neuen Wunsches leeres Sehnen, *languor*, Langeweile ist; [...]." Diese Dynamik spiegelt sich in der Melodie eines Musikstücks wieder, die in ähnlicher Weise immer wieder vom Grundton abweicht und abschweift, um schließlich Befriedigung im Erreichen des Grundton zu erlangen. „Wie nun schneller Uebergang vom Wunsch zur Befriedigung und von dieser zum neuen Wunsch, Glück und Wohlseyn ist, so sind rasche Melodien, ohne große Abirrungen, fröhlich; langsame, auf schmerzliche Dissonanzen gerathende und erst durch viele Takte sich wieder zum Grundton zurückwindende sind, als analog der verzögerten, erschwerten Befriedigung, traurig."

Für Schopenhauer sind Musik und Wille ihresgleichen: „Man könnte demnach die Welt eben so wohl verkörperte Musik, als verkörperten Willen nennen". Die Musik, so schreibt er, stellt „zu allem Physischen der Welt das Metaphysische, zu aller Erscheinung das Ding an sich" dar.

Der Mensch kann nicht aus seiner eigenen Wirklichkeit heraus, es ist ihm nicht möglich, sich selbst von „der metaphysischen Seite" des Lebens her zu betrachten. Höchstens empfindet er in seinem eigenen Streben und dem Gegenstreben des anderen die Kraft des Willens, der von dort zu kommen scheint.

In der Musik jedoch, so betont Schopenhauer, gerät der ungreifbare metaphysische Wille doch für einen Moment in Griffweite. Wir können sie nämlich selbst machen. Und dies, so Schopenhauer Leibniz zitierend, verwandelt die Musik in eine unbewusste Übung in der Metaphysik, ohne zu wissen, dass man dabei philosophiert: *„Musica est exercitium metaphysices occultum nescientis se philosophari animi."* Musik, vor allem wenn sie auf unvergleichliche Art dargebracht wird, scheint nur für sich selbst zu existieren. Klassik oder Pop, das macht keinen Unterschied. Wenn ich Glenn Gould Bach spielen oder Barbara Chansons singen höre, vergesse ich die beiden Interpreten, die durch ihr Spiel oder den Gesang die Musik hervorbringen. Sie scheinen mit ihrer Musik ein wirklich existierendes, verborgenes Sein heraufzubeschwören. Eine einzige falsche Note im musikalischen Spiel ist fataler als ein Fehler oder ein Missgriff in jeglichem anderen Spiel, denn sie kann dieses metaphysische „Sein" zerstören.

„Der Uebergang aus einer Tonart in eine ganz andere, da er den Zusammenhang mit dem Vorhergegangenen ganz aufhebt, gleicht dem Tode, sofern in ihm das Individuum endet; aber der Wille, der in diesem erschien, nach wie vor lebt, in andern Individuen erscheinend, deren Bewußtsein jedoch mit dem des erstern keinen Zusammenhang hat."

Am Tag, als meine Großmutter beerdigt wurde, stand ich mit meiner Tochter in der stillen Eingangshalle des Hauses in Haren. Den Großvater hatte sie nicht mehr kennengelernt, und Oma, die dreiundneunzig wurde, war in den Augen des vierjährigen Mädchens noch lebend die Verkörperung des Todes gewesen. Sie wusste, dass man sterben musste, wenn man alt war, und „alte Oma", wie sie sie nannte, war schon sehr alt.

Neben der Standuhr hing jetzt noch ein Familienporträt, das zehn Sommer später aufgenommen worden war als das Familienfoto links von der Wohnzimmertür, welches mich als Kind so irritiert hatte. Auch jetzt wieder waren Stimmen hinter der Tür zu hören. Das Foto war ein Geschenk zum Hochzeitstag meiner Großeltern gewesen. Sie waren nicht auf dem Foto. „Schau", sagte ich zu meiner Tochter und zeigte auf die Familie im Garten meines Elternhauses, „das war Eppo, der lustige Hund, von dem ich dir erzählt habe." Der Hund schaute uns verschlafen an. „Und das da?" fragte ich sie. „Weißt du, wer das ist?"

„Weiß nicht, wer denn?" fragte sie und lachte mich an.

„Das bin ich. Das ist Papa."

Ihr Lachen verschwand. Irritiert betrachtete sie den Teenager auf dem Foto. So hatte sie mich noch nie gesehen. Ich hängte die Mäntel an die Garderobe, während sie weiter auf die Fotografie starrte: „Sie schauen mich an."

Ich drehte mich um und lachte. „Ja, das sieht so aus, nicht wahr? Das dachte ich früher..."

„Nein, das stimmt!", unterbrach sie mich empört. „Sie gucken wirklich. Schau doch!"

Mein Nachbar behielt Recht. Die Unruhe jenes verregneten Spaziergangs habe ich niemals wieder empfunden. Die Veränderungen gingen, wie er prophezeit hatte, in einem rasenden Tempo vonstatten, und ich begriff, warum er mir geraten hatte, bewusst daran Anteil zu nehmen.

Alle jungen Eltern versetzen sich in ihre Kinder, vermutlich vor allem, um Gefahren abschätzen zu können. Man weiß, dass man dabei die Welt mit den Augen der Kinder betrachtet, sogar wenn sie nicht in der Nähe sind. Doch wie sehr wir auch in ihre Rollen schlüpfen, sie und wir bleiben Fremde, bleiben unabhängige, individuelle Willen.

Je schneller sich alles verändert, desto größer wird diese Distanz. Voller Wehmut fürchtet man, dass einem die Zeit zwischen den Fingern zerrinnt. Die eigenen Erinnerungen an das, was man vor noch nicht so langer Zeit mit seinen Kindern erlebt hat, erscheinen einem merkwürdig fremd, als hätten sie in einem anderen Leben stattgefunden. Junge Eltern wundern sich immer wieder über das Missverhältnis zwischen den raschen Veränderungen und dem langsamen Vergehen der Zeit. „Es ist kaum zu glauben", höre ich mich selber verwundert ausrufen, „das war noch in *diesem* Sommer. Unglaublich!"

Diese Irritation führt nicht nur dazu, dass man sich nach der Vergangenheit sehnt, sondern sein Kind am liebsten immer um sich hätte. Doch ein Kind versetzt sich nicht so in die Eltern, wie sich die Eltern in das Kind versetzen. Ganz und gar nicht. Wir sind Teil einer Welt, die bereits existierte, als sie noch gar nicht geboren waren. Aus diesem Grund scheinen sie unserem Schicksal gegenüber ebenso gleichgültig zu sein, wie es die schweigende Vergangenheit uns gegenüber ist. Die Kette der Ereignisse verschwindet „zurück im Dunkel" wie die schemenhafte Gestalt Eurydikes.

Mir war klar, dass ich meine Tochter nicht von der Leblosigkeit des Fotos überzeugen konnte. Ich betrachtete sie, während sie es weiterhin anstarrte. Sie trug eine Bluse, die sie auch anhatte, als sie in diesem Sommer das Fahrradfahren lernte. Damals hatte ich sie aufgefordert, noch einmal um den Betonpfosten herumzufahren, damit meine Frau und ich beratschlagen konnten, ob es Zeit sei, die Stützräder abzunehmen. Nachdem ich mir die Joggingschuhe angezogen hatte, rannte ich neben ihr über die Kanalbrücke, während ich sie mit der Hand im Nacken stützte. Auf der anderen Seite des Kanals bat sie mich, sie loszulassen. Und da fuhr sie! Ich konnte sehen, wie sie lächelte. Dann wollte sie sich nach mir umdrehen, doch dabei geriet ihr Fahrrad ins Schlingern. „Schau dich nicht um!", rief ich keuchend. „Ich bin hinter dir."

2 LANDEVERSUCH AUF VERLORENEM GRUND

Die Sehnsucht nach dem Zuhause

MEINE ÄLTERE SCHWESTER wohnt in Oxford, eine zweite in Florida, mein Bruder hat gerade per Anhalter die Grenze von Kirgisien nach China überquert, meine Eltern befinden sich in ihrem Haus in den Cevennen, und ich sitze, während ich diesen Satz schreibe, zu Hause in Nord-Groningen. Ich verreise nicht gern. Um ehrlich zu sein, bereitet mir schon ein verlängertes Wochenende auf der niederländischen Insel Schiermonnikoog größtes Unbehagen. Kofferpacken macht mich nervös, trotzdem beneide ich meine Familie um ihre Reiselust. Auch meine Mutter verreist nur mit größtem Widerwillen, meine Heimatverbundenheit habe ich also von ihr geerbt. Und ich vermute, dass sie sie wiederum von ihrem Vater hat, obwohl dessen Lebenslauf diesen Schluss kaum zulässt, denn er hat einen großen Teil seines Lebens weit weg von zu Hause verbracht. Als meine Großmutter ihn kennenlernte, war er Offizier des Ingenieurkorps bei der Königlich-Niederländisch-Indischen-Armee. Immer wieder wunderte ich mich, wie er mit dem Heimweh, das ich ihm nachsage, die vielen Jahre im japanischen Kriegsgefangenenlager aushalten konnte. Ich habe ihn nie danach gefragt. Nicht weil ich erst jetzt drüber nachdenke, sondern weil man Großvater solche Fragen nicht stellte. Niemand tat das. Und damit hatte er wie viele traumatisierte Menschen noch ein weiteres Schicksal zu erleiden: Opfer ständiger Mutmaßungen zu sein. Traumaopfer bilden die schweigende Projektionsleinwand für die ungeduldigen Vermutungen ihrer Zeitgenossen. Als Außenstehende glauben wir, das Opfer könne einfach nicht über sein Schicksal sprechen. Selten kommen wir über diese Feststellung hinaus, und den Rest ersetzen wir durch Allgemeinheiten über das Unglück des Opfers.

Es liegt mir fern zu behaupten, dass es in einem japanischen Kriegsgefangenenlager nicht so schlimm gewesen sei, wie behauptet wird, doch ich bin der Meinung, man sollte die Dinge wieder etwas banalisieren, um das Persönliche jedes einzelnen Schicksals stärker hervorzuheben. Je alltäglicher ein Leiden dargestellt wird, desto eher kann es nachvollzogen werden. Nun muss ich zugeben, dass das Leiden meines Großvaters als Zwangsarbeiter an der Birmaeisenbahn wenig alltäglich gewesen war: Es ist und bleibt eine nackte Tatsache.

Nicht mal *The Bridge on the River Kwai*, der berühmte Hollywoodfilm über die Eisenbahnlinie, den ich sicher fünf Mal gesehen habe, konnte daran etwas ändern. Er hatte sogar den gegenteiligen Effekt, denn jedes Mal, wenn ich mir Großvaters Kriegsgefangenschaft vorstellen wollte, geschah dies in Technicolor. Nach seinem Tod fand ich heraus, dass nicht nur mein Vorstellungsvermögen fehlerhaft war, sondern auch die oben erwähnte nackte Tatsache eine vollkommen falsche. Großvater hatte nämlich an der Pakanbaru-Eisenbahnlinie gearbeitet, an der sogenannten „Toteneisenbahnlinie", und diese lag in Sumatra, nicht in Birma. Über diese Eisenbahnlinie aber hat Amerika keinen Film gedreht.

Seit ich die Vermutung hege, dass mein Großvater dieselbe Veranlagung für Heimweh besaß wie ich, kommt es mir zum ersten Mal so vor, als könnte ich mir eine authentischere Vorstellung von seinen widrigen Erfahrungen machen. Der alltägliche Charakter des Heimwehs führt zur Erkenntnis, dass die wenigen, uns zur Verfügung stehenden Gefühle genügen, um sich sogar die schwersten Schicksalsschläge eines Menschen vorstellen zu können.

Wir sind es gewöhnt, über großes Leid zu sagen, dass es unvorstellbar sei, weil Wörter es nicht hinreichend darstellen können. Aber auch kleines Leid und kleines Glück lässt sich nicht in Worte fassen, ohne dessen persönliche Bedeutung zu deformieren. Trotzdem können wir uns durchaus ein Bild davon machen. Fragte mich früher mein Vater, wo es mir wehtat, wenn ich mit einem geschwollenen Knöchel oder einer Schürfwunde aus der Schule nach Hause kam, dann konnte ich den Schmerz entweder als „pochend", „stechend", „heftig" oder „dumpf" beschreiben, und vielleicht vergesse ich sogar noch ein paar Möglichkeiten, doch niemals hatte ich dabei das Gefühl, mit meinen Worten die wahre Beschaffenheit des Schmerzes getroffen zu haben. Mein Vater aber wusste immer genau, was ich meinte, und damit auch, was zu tun war.

Dass ich mir meinen Großvater als einen Mann mit einer Veranlagung zu Heimweh vorstelle, geht auf eine Familienanekdote zurück. Sie ist auch für die immergleichen Bilder verantwortlich, die ich vor mir sehe, wenn ich an ihn denke: einen Drink in der Hand und laut lachend, oder aber still vor sich hin ins Leere starrend. In der Familie wurde immer wieder erzählt, dass sich Großvater jeden Nachmittag, wenn er von der Arbeit nach Hause kam, einen Drink einschenkte, mit dem Ehering an die Heizungsrohre klopfte und darauf wartete, dass meine Mutter und ihre Schwestern alles stehen und liegen ließen und zu ihm ins Wohnzimmer kamen. Ich vermute, dass meinem Großvater dieses Ticken gegen die Heizungsrohre, dieser wortlose Kontakt über das Rohrsystem des Hauses wichtiger war als der tägliche, gemeinsam eingenommene Drink.

Das Heimweh ist überall. Und wer eine untergründige Veranlagung zu Heimweh hat, braucht nicht mal das Haus zu verlassen, um davon ergriffen zu werden. Der Trugschluss, Heimweh habe nur der, der von zu Hause weg ist, ist weit verbreitet. Umgekehrt habe ich mich jedoch nie stärker zu Hause gefühlt als auf einer gewissen Waldlichtung. Es war an einem Mittwochnachmittag, ich war ungefähr sieben Jahre alt. Vermutlich war ein Geburtstagsfest der Anlass, der uns in dieses Wäldchen führte. Ich erinnere ich mich noch gut daran, wie empört ich war, als meine rücksichtslosen Freunde die Lichtung sofort mit Hilfe von Jacken als Andeutung von Torpfosten zu einem Fußballfeld umfunktionierten. Sie sahen nicht, dass die Buchen, Birken und Eichen in aller Eintracht einen vollkommenen Kreis bildeten. Obwohl auch ich Fußball liebte, setzte ich mich zuerst vor einer jungen Buche ins Moos und ergötzte mich an der Betrachtung dieses Heiligtums der Natur. Ansonsten blieb mir von diesem Nachmittag nicht viel in Erinnerung, ich werde den Rest davon wohl auch mit Fußballspielen verbracht haben.

Die Lichtung hinterließ einen so bleibenden Eindruck bei mir, dass ich danach meine Umgebung mit anderen Augen sah. Es war, als drehte sich von nun an alles um diesen einen Ort, als hätte ich mit ihm das Zentrum der Welt erblickt. Jede Brache, jeden trostlosen Ort verglich ich von nun an mit dieser heiligen Stätte. Darin liegt die angenehme Seite des Heimwehs: Die introvertierte Angst vor dem Fremden vermag es, das Fremde so in sich zu konzentrieren, dass man sich trotz aller Unterschiede zu dieser Welt mit ihr eins fühlt.

„Dieses Stück Landschaft finde ich am allerschönsten." Jedes Mal, wenn wir auf Schiermonnikoog mit dem Fahrrad unterwegs waren, hielt meine Frau irgendwann an, zeigte auf die aus Tannen, Dünen und Laubwald bestehende Landschaft und erklärte, dass sie das alles an die Veluwe erinnere, wo sie als Kind die Sommerferien bei der Großmutter verbracht habe. Es dauerte einige Schiermonnikoog-Aufenthalte, bis wir herausfanden, dass meine Frau immer an derselben Stelle stehenblieb. Mir schwante, dass ihr Lob damit gar nicht diesem bestimmten Stück Landschaft galt. Wie aber war es möglich, dass man einen einzigartigen Ort zu einem ganz bestimmten Zeitpunkt als etwas Anderes, etwas Allgemeineres, erfahren konnte? Und wie war es möglich, dass man sich angesichts eines Ortes in der Gegenwart an einen Ort aus der Vergangenheit erinnerte? Da fiel mir ein, was ich früher beim Spielen im Wald immer tat: Ich projizierte meine Zukunft in die Landschaft.

Wenn wir uns nach einer bestimmten Landschaft zurücksehnen, so wollen wir im Grunde nicht die Landschaft wiedersehen, sondern das Glück nochmals empfinden, das wir bei ihrem ersten Anblick empfanden. Wir sind fest davon überzeugt, in dieser bestimmten Landschaft glücklich gewesen zu sein, doch dieses Glück bestand vor allem aus der Vorstellung eines in der Zukunft liegenden, wiederholbaren Glücks. Wenn wir zu einem anderen Zeitpunkt erneut in die Zukunft blicken – was wir mit Vorliebe während der Ferien tun –, bringt das Gedächtnis alte und neue Sehnsüchte durcheinander, und wir halten die schweigenden Landschaften, die Leinwände unserer Projektionen, zu Unrecht für die stillen Zeugen unserer Glücksgefühle.

Weil ich aus purem Zufall an jenem Mittwochnachmittag auf dieser Waldlichtung gelandet war, glaubte ich lange, ich müsste irgendwann zum Wäldchen zurückkehren. Aber dazu kam es nie. Ich wusste ja nicht einmal, wo es sich befand, nur dass es auf der anderen Seite einer vielbefahrenen Strasse liegen musste, die ich nicht mal allein überqueren durfte. Es wurde auch niemals mehr ein Geburtstag dort gefeiert.

So wurde die Waldlichtung zu meinem unsichtbaren Maßstab. Das Loch in der Nabe, um die das Rad sich dreht. Dummerweise hatte ich zwar die Tatsache der Existenz der Lichtung in meinem Gedächtnis bewahrt, es jedoch versäumt, mir zu merken, wie sie aussah. Ein Junge, mit dem ich mich am Ende meiner Gymnasiumszeit anfreundete und der die Land- und Forstwirtschaftschule besuchte, erzählte mir vom Leusveld, wo er nachts manchmal den Eulen zuhörte und Hirsche und Wildschweine beobachtete. Als er mir den Ort auf der Karte zeigte, war ich mir sicher, dass sich dort meine Lichtung befinden musste.

Jetzt, da ich die geografischen Koordinaten des Ortes besaß, der in meiner kindlichen Erlebniswelt das Zentrum der Welt gewesen war, bemerkte ich, dass mein Bild davon sehr vage war. Ich zweifelte allmählich daran, ob ich überhaupt gesehen hatte, was ich glaubte, gesehen zu haben. Wir vereinbarten, dass ich ihn einmal auf einer seinen nächtlichen Exkursionen begleiten sollte, doch auch dazu kam es nie.

Vielleicht gehört es zu den unvorstellbaren Dingen eines Menschenlebens, dass jede einzelne unserer Erfahrungen einzigartig zu sein scheint, obwohl wir lediglich über ein beschränktes Arsenal an Gefühlen verfügen. Diese Einzigartigkeit verdanken wir den zwei banalsten und gleichzeitig merkwürdigsten Eigenschaften, in denen sich unsere Wahrnehmung manifestiert: Raum und Zeit. Ludwig Wittgenstein schreibt im *Tractatus logico-philosophicus* (1921), dass zwei Gegenstände mit derselben logischen Form sich nur darin unterscheiden, dass sie verschieden sind. Merkwürdig, dass diese Tautologie überhaupt Aussagekraft besitzt, aber sie enthüllt eines der größten Geheimnisse unserer persönlichen Erfahrung. Obwohl wir mit unserer geringen Band-breite an Gefühlen scheinbar stets dasselbe erleben, können wir diese Erfahrungen voneinander unterscheiden, weil sie an einer anderen Stelle im Raum, gewiss aber zu einem anderen Moment in der Zeit geschehen. Die Enthüllung dieses einen Geheimnisses beschwört ein anderes herauf, das sich in der Frage ausdrückt: Wo und wann sind wir, wenn wir erfahren? Der Mensch befindet sich stets in Raum und Zeit, doch vom Sein selber fehlen uns die räumlichen und zeitlichen Koordinaten.

Jede Wahrnehmung stützt sich auf zwei Grundpfeiler, einem psychologischen und einem existentiellen. Mit Letzterem ist die Beschaffenheit unserer Wirklichkeit gemeint. Die Veranlagung für Heimweh liegt also nicht nur in einem nostalgischen Gemüt, sondern entspringt auch diesem existentiellen Grund: dem entschiedenen Mangel einer Antwort auf die Frage, wo sich denn in Gottesnamen das Sein befindet. In Ermangelung dieser ersten Grundlage ist alles, was sich davon ableitet, zur Grundlosigkeit verurteilt, weshalb jeder Mensch mehr oder weniger die Veranlagung zum Heimweh in sich trägt. Man kann sich noch so sehr zu Hause fühlen, eines fehlt einem immer: die Gewissheit, wo die während eines ganzen Lebens liebgewonnenen Zeiten und Orte ihre Grundursache haben.

Ungeachtet der Tatsache, dass das Heimweh in unserem Alltag vor allem auf etwas Fehlendes ausgerichtet ist, offenbart die Sehnsucht nach dem Zuhause eine unfehlbare Ahndung für das Wesen unseres Seins. Diese Ahndung ist vermutlich sogar die Bedingung dafür, dass der Mensch sich in einem Sein verwurzelt fühlt, das sich der eindeutigen Identifikation fortwährend entzieht – wir werden es niemals ergründen können.

In jedem Leben müssen wir die persönlichen Koordinaten von Raum und Zeit miteinander verbinden, damit ein Netzwerk entstehen kann, das die ihm zugrunde liegende Willkür vergessen lässt. Für meine Mutter und ihre um eine Viertelstunde jüngere Zwillingsschwester liegt eine dieser vom Zufall bestimmten Lebenskoordinaten irgendwo bei Semarang in Mittel-Java. Bis zum Alter von vier Jahren lebten die beiden Mädchen mit ihrer Mutter in einem japanischen Kriegsgefangenenlager in Indonesien. Nachdem Japan kapituliert hatte, machten sich tausende bis dahin inhaftierte niederländische Männer und Jungen auf die Suche nach ihren Familien. Das wurde dadurch erschwert, dass die Lagerinsassen zu ihrer eigenen Sicherheit öfter in langen Militärkonvois von einem Lager ins andere verlegt wurden. Auch meine Mutter und meine Tante wurden so zu einem unbekannten Ort gebracht. Sicherheit und Glück folgten einander auf dem Fuß, denn die Verlegung der Frauen und der Kinder zog eine ungeheure Wanderung von Vätern und Söhnen nach sich, die auf der Suche nach ihren Familien von einem verlassenen Lager zum anderen zogen.

Die Schwestern saßen kurz vor einer neuerlichen Verlegung wartend auf dem Gepäck. Meine Großmutter stand neben ihnen. Hinter den dreien fand sich gerade eine Familie glücklich wieder, was die Aufmerksamkeit meiner Großmutter und meiner Mutter erregte. Meine Tante starrte währenddessen auf das Passbild meines Großvaters, das sie auf den Knien liegen hatte, und verglich es mit jedem Mann, der vorüberkam. Die Kinder konnten sich nicht mehr an das Gesicht ihres Vaters erinnern, außerdem dürfte das abgehärmte Gesicht so kurz nach der Entlassung aus der Lagerhaft wohl wenig mit dem Gesicht auf dem Foto gemein gehabt haben. Noch während meine Mutter gebannt das Schauspiel hinter sich beobachtete, ertönte plötzlich ganz ruhig die Stimme ihrer Schwester: „Da ist Papa."

Ich hatte schon seit geraumer Zeit mein Elternhaus verlassen, als meine Eltern ein Dorf weiter zogen. Es lag nicht weit von Leusveld. Und so kam es, dass ich an einem Sonntagnachmittag fast dreißig Jahre nach meiner kindlichen Urerfahrung des Zuhauseseins mit dem Auto meiner Mutter zum Wäldchen fuhr. Ich suchte drei Stunden lang, aber eine Lichtung fand ich nicht.

3 DIE ERINNERUNG DER GEGENWART

Das Verlangen, die Zeit anzuhalten

ICH MUSS UNGEFÄHR FÜNF JAHRE alt gewesen sein, als mein Vater einem seiner Patienten für hundert Gulden ein Klavier abkaufte. Das weiße Ungetüm wurde im Spielzimmer aufgestellt und meine Schwestern bekamen Klavierunterricht. Ich nutzte das Ding vorläufig nur an Regentagen. Dann diente es mir und meinen Freunden als Tor für unsere Kickerei mit aufgerollten Socken.

Der Ernst, mit dem meine Schwestern die Tonleitern übten, und die Fortschritte, die sie machten, veranlassten meine Eltern, ein besseres Instrument anzuschaffen. Und mit dem neuen Kiefernholzklavier kam auch eine neue Klavierlehrerin ins Haus. Eine junge, blonde Frau, sie trug stets einen Rock, der eine Handbreit über dem Knie endete. Ich weiß nicht, ob das den Ausschlag gab, doch jetzt wollte ich auch Klavierspielen lernen.

Ich kann mich noch gut an eine der ersten Unterrichtsstunden erinnern. Sie fand an einem Samstagmorgen statt. Ich hatte die ganze Woche fleißig geübt: Eine ziemlich einfache kleine Melodie für die rechte Hand, zu der die

Lehrerin an diesem Morgen die Begleitung spielen sollte. Das vierhändige Stück – eigentlich ein dreihändiges – nahm nur langsam Formen an. Ich brauchte eine Weile, um mich an die Hand zu gewöhnen, die ab und zu graziös über meine griff. Doch als durch ihr Spiel auf einmal meine Melodie harmonisch hervortrat, vergaß ich das Unbehagen über unsere Körperlichkeit und spürte, wie der Walzer von ganz allein mein Inneres durchströmte. Das Spielzimmer füllte sich mit Musik, und die Unterrichtsstunde wurde zu einem Ereignis. Das Piano schien nicht länger nur ein lärmendes Instrument zu sein, die drei tanzenden Hände, die glatten weißen Tasten und die zierlichen Noten: das alles verband sich mit der Musik zu einem Ganzen, das losgelöst von meinem Willen zu leben begann.

Das Glück war nur von kurzer Dauer. Mir fehlte noch die Technik, um im Spiel aufgehen zu können. Von der Musik ergriffen, stellte sich mein Körper auf das Zuhören ein und meine Hand auf dem Klavier hielt unwillkürlich inne: Die transzendente musikalische Erfahrung fand ein abruptes Ende. „Warum hörst du denn auf zu spielen?" erkundigte sich die Klavierlehrerin verwundert. Was sonst noch an diesem Morgen passierte, weiß ich nicht mehr, nur noch, dass ich mich schämte und mein Po am Kunstleder des Klavierhockers klebte.

Als die Klavierlehrerin zwei Jahre später heiratete und in die Stadt zog, bekam ich keine neue Lehrerin. Das Klavier benutzte ich nur noch, um sonntags die Ukulele zu stimmen, mit der ich meinen Vater auf der Gitarre begleitete. Auch jetzt musste ich mich konzentrieren, um über dem Zuhören nicht das Spielen zu vergessen, vor allem, wenn wir „*Where have all the flowers gone?*" sangen. Ich kannte das Lied in der Version von Harry Belafonte. Es befand sich auf einer Kassette, die mein Vater im Auto abspielte, wenn wir am Wochenende von unserem Ausflug zu den Großeltern nach Hause zurückfuhren. Dann grölten auch mein Bruder und meine Schwestern laut mit.

Von mir aus hätten wir den ganzen Nachmittag nur das eine Lied singen können. Dieser Wunsch gründete einerseits auf meiner Faulheit – auch heute noch übe ich lieber das, was ich bereits kann –, andererseits aber hatte das Lied etwas ganz Besonderes. Sowohl im Text als auch in der musikalischen Struktur folgt es einer faszinierenden Kreisbewegung. Beim Singen stellte ich mir vor, dass wir alle zusammen in einem Kanu einen endlos langen Flusses hinunterfuhren, wir kämpften uns alle Strophen hindurch, wobei die hohen Akkorde meiner Ukulele sich mit den warmen Harmonien der väterlichen Gitarre vermischten. Und in der Stimme meines Vaters war mir, als hörte ich ein wenig Harry Belafonte mitsingen. Es konnte sogar passieren, dass wir aus Versehen zweistimmig sangen. Pflichtbewusst sangen wir auch die anderen Lieder des Songbooks, doch nur um so schnell wie möglich wieder ins Kanu zu steigen und uns mit einer Gänsehaut vom Strom der Musik davontragen zu lassen.

Nicht jeder muss sich zwischen Sport und Musik entscheiden, ich musste es. Je mehr Spaß ich am Sport fand, desto geringer wurde mein Bedürfnis, ein Musikinstrument zu beherrschen. Zuerst übte ich mich im Judo, dann spielte ich

Hockey und schließlich stürzte ich mich aufs Triathlon. Die Disziplin, an der es mir bei der Musik mangelte (ich hasste es, zu üben), konnte ich für den Sport ohne Probleme aufbringen: Ich trainierte viel und zu allen möglichen und unmöglichen Zeiten. Doch dann setzte eine ernsthafte Verletzung an beiden Achillessehnen meiner Sportbegeisterung ein Ende. Von einem auf den anderen Tag war es mit dem Sport vorbei. Freunde und Familie rieten mir, so schnell wie möglich wieder einen Lebensinhalt zu finden, da mir sonst eine Depression drohe, und so fand ich wieder zur Musik zurück.

Mir wurde klar, dass meine Einsicht, kein musikalisches Talent zu besitzen, zu früh erfolgt war. Damals hatte ich noch keine Vorstellung von Zeit. Ich hatte Jungs und Mädchen um mich herum gesehen, die ein Musikinstrument beherrschten, als ob es eine Verlängerung ihres Körpers sei, und ich hielt es für schlichtweg unmöglich, einen solchen Rückstand jemals aufholen zu können.

Doch dann wurde mir klar, dass mein Verständnis von Zeit zu statisch war. Die Art und Weise, wie man Zeit wahrnimmt, ändert sich mit zunehmendem Alter. Ich erfuhr gerade am eigenen Leib, wie sich in relativ kurzer Zeit wundersame Veränderungen vollziehen können – ich war mitten in der Pubertät –, doch für meine neu gewonnenen Erkenntnisse über das Wesen der Zeit war ein bestimmtes Ereignis prägend. Weisheiten aber offenbaren sich nicht nur auf der Spitze eines Berges. Ich wurde weise, was die Zeit betrifft, in einer langen Schlange vor dem Eingang zu einem Bruce-Springsteen-Konzert.

Da ich bis dahin noch so gut wie keine Reisen unternommen hatte, erschien mir der gemeinsam mit meinem Bruder unternommene Ausflug in die Großstadt Rotterdam wie ein langes, großes Abenteuer. Wir waren früh aufgebrochen, weil wir ganz vorn an der Bühne stehen wollten. Wir hatten uns vorgestellt, beim Stadion anzukommen, unsere Tickets vorzuzeigen, in die Arena zu rennen, uns vorn auf den Rasen zu setzen und die Zeit, bis *The Boss* und seine *E Street Band* auf der Bühne erscheinen würden, mit Kartenspielen zu verbringen. Doch bei unserer Ankunft konnte von In-die-Arena-rennen und Kartenspielen keine Rede sein: Vor dem geschlossenen Stadion stand eine lange Schlange. Als sich nach zwei Stunden das Stadiontor öffnete, bemerkte ich, dass ich dringend pinkeln musste. Und keine Toilette weit und breit. Ich glaubte mit dem Erreichen des Eingangs erlöst zu werden, doch die Qual erhöhte sich, als wir danach sofort in der nächsten Schlange landeten, der Schlange vor dem Eingang SPIELFELD – und auch dieser Eingang wurde erst nach etlicher Zeit geöffnet. Ich weiß nicht mehr, wo und wann ich endlich eine Toilette fand, doch es wird mir ewig in Erinnerung bleiben, wie mir während eines euphorischen Augenblicks – Springsteen spielte gerade das Intro von „The River" – die Erkenntnis kam, dass die ganze Zeit des Wartens sich in nichts aufgelöst hatte. Es mag banal klingen, aber wer seine Aufmerksamkeit nicht auf das Gewöhnliche richtet, wird niemals dem Universellen auf die Spur kommen. Die während des Konzerts gewonnene Einsicht jedenfalls stattete mich mit einer Geduld aus, von der ich noch heute zehre. Wenn etwas länger dauert oder sehr schwierig ist, so weiß ich nun, dass sich diese lange Dauer in absehbarer Zeit in Nichts auflösen wird. Wie oft ich in meinem Leben auch warten werde, die Zeit, die ich mit Warten verbringe, wird nicht gesammelt, sondern verschwindet in dem Moment, in dem ich das Ziel erreiche. Dieses neue Zeitverständnis befreite mich von meinem Irrtum, gegenüber den anderen einen zu großen Rückstand zu haben, um jemals ein Instrument richtig gut beherrschen zu können. Es war noch keine Woche seit meiner Verletzung vergangen, da kaufte ich mir für hundert Gulden eine Countrygitarre, lieh mir in der Bibliothek ein Bob-Dylan-Songbuch und eine Fingerpicking-Lehre und stürzte mich mit dem Fanatismus eines Leistungssportlers auf das Gitarrenspiel. Schon nach kurzer Zeit hatte ich nichts anderes mehr im Kopf. In der Schule schrieb ich während des Unterrichts ganze Hefte mit Springsteen-, Neil Young- und Dylantexten voll, spielte im Stillen ihre Musik, murmelte die Texte vor mich hin und betastete die Hornhaut, die sich auf meinen Fingerspitzen gebildet hatte.

Während meiner ersten Gitarrenbegeisterung reichte der Anblick einer Gitarre und mir wurde ganz blümerant zumute. Das hat sich inzwischen etwas gelegt, aber die Gitarre war für mich danach niemals mehr nur ein Haushaltsgegenstand, sondern ein beseeltes Objekt, das den Zugang zu einer anderen Welt ermöglichte. Zu diesen Objekten gehörten auch meine Schwimmbrille, mein Rennrad und meine Laufschuhe. Sie waren für mich niemals nur einfaches Mittel zum Zweck: Sie vermochten es, mich in eine andere Sphäre zu versetzen. Die Gitarre war darin eine absolute Meisterin.

Erst viel später wurde mir klar, dass das, was der Anblick einer Gitarre bei mir auslöste, im Grunde, wenn auch minder stark, von jedem Mittel ausgehen konnte: Je besser ein Mittel funktioniert, desto weniger wird es als Mittel empfunden; das vollkommene *Mittel* nämlich führt uns auf *unmittelbare* Weise zum Ziel. Dennoch wird zwischen meinem Willen und der von mir gewollten Welt immer ein Mittel stehen, das wurde mir so richtig klar, als ich zum ersten Mal eine Gitarre für Linkshänder in Händen hielt. Bei dieser Gitarre sind die Saiten umgekehrt aufgespannt. Als Gitarre konnte sie mich zwar verführen, aber als Mittel taugte sie nicht, denn da ich sie nicht spielen konnte, blieb mir bei ihr der Zugang zu der neuen Welt, der ich verfallen war, verwehrt.

Diese Erfahrung, dass ein Musikinstrument widerspenstig sein konnte, brachte mich zu einer weiteren Einsicht, nämlich dass Technik und Übung zur Erreichung der mittelbaren Unmittelbarkeit unerlässlich sind. Das war mir während meiner Klavierstunden niemals klar geworden. Nur ständiges Üben führt dazu, dass es irgendwann, wie man sagt, *wie von selber* geht. Dieses Paradox kennzeichnet im Grunde alle menschlichen Anstrengungen: Wir üben ein Leben lang, um alles, was wir tun, *natürlich* erscheinen zu lassen. Ich bin überzeugt, dass dieses Paradox mir die Liebe zur Gitarre eingab, denn die Gitarre verkörpert mehr als jedes andere Instrument die widersprüchliche menschliche Natur. Anders als beim Klavier mit dem schönen Klangkasten, den glänzenden, elfenbeinfarbenen Tasten und den sanften Hämmerchen spürt man bei der Gitarre direkt, wo der Laut herkommt. Oberschenkel und Brustkasten vibrieren mit und nach dem Spiel sind die Finger grau vom Metall der Saiten. Die Gitarre bleibt stets ein Ding, ein Stück Holz mit Saiten bespannt, aus dem wunderbarerweise Musik erklingt.

Ich habe in vielen Bands E-Gitarre gespielt und später noch das Akkordeonspielen gelernt, doch nichts ergreift mich mehr als Dylans Fingerpicking in seinen frühen Stücken, die ich mir genauso oft anhören kann wie die Partiten von Bach. Dylans Gitarrenspiel erinnert mich an Rembrandts Zeichenkunst. Mit wenigen schwungvollen Linien und kunstfertigen Schraffuren erschafft er etwas Wunderschönes, ohne dass man dabei die Materialität des Papiers und der Tinte vergisst. Eine solche Kunst hebt die Grenze zwischen Medium und Darstellung auf, ist das magische Verbindungsglied zwischen medialer Materialität und geistiger Darstellung.

Die Darstellung, die mit Hilfe eines Musikinstruments hervorgezaubert wird, ist meiner Ansicht nach herrlicher als alles, was Rembrandt mit seiner Tinte aufs Papier zu bringen vermochte. *„Singing some of these songs has been like living them,"* erklärte Neil Young während seines berühmten Konzerts vom 19. Januar 1971 in der Massey Hall von Toronto. Ein Maler, und wenn er noch so genial ist, sollte mal versuchen, so etwas mit einem Bild zustande zu bringen! Musik kann etwas, was die bildende Kunst überhaupt nicht und die Literatur auch nur im beschränkten Maße kann: Musik gebiert aus der Künstlichkeit ein *reales* Geschehen, ein Geschehen, das *von Dauer ist.*

Musik trägt nämlich in sich die Zeit selbst, nicht als Darstellung – das kann eine Abbildung auch, und die Literatur kann das noch viel besser –, sondern als hörbare Eigenschaft. Mit Zeit meine ich nicht die statische, naturwissenschaftliche Zeit, das ist die Zeit des Metronoms, sondern die Zeit, so wie wir sie erleben, mit Beschleunigungen, Verlangsamungen und Modifikationen. Musik wird ebenso vergänglich wahrgenommen wie jede andere Erfahrung auch, doch erhebt sie die Erfahrung mit Hilfe der musikalischen Formschemata zu einer Darstellung ebendieser Erfahrung. Darin liegt vielleicht auch der Grund dafür, dass Musik so viele Erinnerungen im Zuhörer auslöst. Nicht, weil der Laut selbst uns an frühere Ereignisse erinnert, sondern weil das Wesen jedes Liedes und jedes Musikstücks in der Wiederholung und im Vergehen liegt. Bei jedem Hören von Musik werden wir uns dessen wieder bewusst.

Neulich erzählte mir ein alter Freund, dass er das Gitarrespielen an den Nagel gehängt habe. Ich erinnerte mich an die Zeit, als ich mit ihm und seiner damaligen Freundin Songs der Carter Family und von Townes van Zandt spielte. Ich hatte mein Studium beendet und war auf der Suche nach dem ersten richtigen Job. Viele Samstagabende verbrachten wir mit Singen und Gitarrespielen, jeder spielte oder sang so, wie er konnte. Mich ließ die Technik zu diesem Zeitpunkt zum Glück nicht mehr im Stich. Ich konnte zuhören und spielen gleichzeitig. Die Lieder drängten sich uns auf, wir brauchten nur zuzugreifen, einzusteigen wie bei dem Song „*Where have all the flowers gone?*" Wir folgten dem Strom der Zeit, griffen uns ein Stück und ließen uns von der Erinnerung dieser Gegenwart treiben.

4 JETZT NUR NOCH FLIEGEN

Der Wille zu wissen, was man will

SO WIE MANCHE GLAUBEN, eine Nahtoderfahrung erlebt zu haben, glaube ich, einmal eine Fastflugerfahrung gehabt zu haben.

Ich muss ungefähr vier Jahre alt gewesen sein, als ich an einem Sonntag zum Hühnerstall ging, um dort aus ein paar Brettern, einem Stück Sperrholz und dem Vorderrad eines alten Rollers ein Flugzeug zu bauen. Ich brauchte den ganzen Nachmittag dazu. Mein Vater stand nicht weit davon entfernt in seiner grünen Latzhose im Garten und ging dem Unkraut zuleibe. Als ich fertig war, setzte ich mich aufs Brett, das ich zum Pilotenstuhl erkoren hatte, streckte meine Beine ins kalte Gras und schob meine gelben Gummistiefel unter das Brett, auf dem das wacklige Rad stand. Jetzt nur noch fliegen.

Ich hatte keinen einzigen Nagel und keine Schraube für meine selbstgebaute Flugmaschine verwendet, zweifelte aber keinen Moment daran, dass diese Bretterkonstruktion mich in Kürze über den Hühnerstall, zwischen den Bäumen hindurch und in einer Kurve über die Wiese Richtung Teich schweben lassen würde. Noch eine letzte Runde übers Haus, wobei ich meinem Vater zuwinken würde, der mir mit zusammengekniffenen Augen hinterher sähe, und schon wäre ich hinter den Wiesen verschwunden.

„Es ist fertig, Papa!" Mein Vater hatte gerade die Schaufel in die graue Erde gerammt und nach einem dicken Bündel Brennnesseln gegriffen. Gedankenverloren sah er in meine Richtung.

„Wie geht fliegen eigentlich?", fragte ich ihn. „Wie fliegt ein Flugzeug?" Worauf er über Benzin sprach, über Autos und über den Zweitaktmotor unseres Rasenmähers, der im Schuppen so intensiv nach der süßen Gemischschmierung roch. Als mein Vater dann aber Batterien erwähnte, hielt ich es für an der Zeit, einzugreifen. Sie schienen mir das geeignete Mittel zu sein. Ob er in seiner Schreibtischschublade nicht noch ein paar für mich liegen hätte, fragte ich ihn. „Die reichen nicht", antwortete er, ich müsse eine ganze Menge Batterien haben, um damit fliegen zu können. „Die können wir doch kaufen", wand ich ein. Nein, es sei Sonntag und die Geschäfte seien geschlossen.

Und damit begann meine Fastflugerfahrung. Weil mein Vater mit der Aerodynamik den schwierigsten Teil der Flugtechnik überschlagen hatte, konnte ich weiterträumen. Ich war überzeugt, dass einzig das sonntägliche Verkaufsverbot von Batterien mich am Fliegen hinderte.

Dieses eine, unüberwindliche Sonntagshindernis fachte mein Verlangen, fliegen zu können, nur noch mehr an. So groß die Frustration auf der einen Seite war, so nah lag auf der anderen die Erlösung: Schon am nächsten Tag würde ich über den Treibstoff verfügen können, der meinen Wunsch Wirklichkeit werden lassen würde. Aufgrund dieser äußerst greifbaren Lösung war mir schon jetzt so, als flöge ich, es war so wirklich wie das Schaukeln auf der Schaukel: Ich konnte fliegen.

Wer mir nicht abnimmt, dass ich mit den paar losen Brettern im Gras wirklich fliegen konnte, und das Ganze als unschuldige Einbildungskraft eines Kleinkinds abtut, verkennt, wie wichtig Illusion für unser Leben ist. Anders kann ich mir nicht erklären, wieso diese Fastflugerfahrung mehr Eindruck auf mich gemacht hat, als mein erster richtiger Flug in einer Cessna 172. Ein Nachbar musste Flugstunden sammeln und nahm seinen Sohn und mich zu einem Übungsflug mit. Wir flogen so tief über unser Haus, dass ich die Grashalme auf dem Weg zum Hühnerstall erkennen konnte. Außerdem zeigte er mir, wie ich mit dem halbmondförmigen Steuer, die Kiste steigen und sinken lassen konnte. Obwohl ich das alles ziemlich cool fand, fällt mir, wenn ich ans Fliegen denke, immer zuerst jener Fastflug ein. Für mich fühlte sich dieser wirklicher an, *realer*.

Keine Realität ohne Illusion. Bereits seit mehreren hundert Jahren leben wir nun schon mit der Illusion des freien Willens, und daran wird auch der Realismus der Gehirnforschung nichts ändern.

Diese Illusion verdanken wir paradoxerweise dem entschlossensten Versuch der ganzen Philosophiegeschichte, mit der harten Realität in Kontakt zu treten. René

Descartes (1596–1650) bediente sich eines Tricks, um die Existenz des Ichs unwiderlegbar nachzuweisen: Selbst wenn ein bösartiger Dämon mir mein Leben nur vortäuscht, dann bin ich es, den er in die Irre führt, wodurch die Existenz meines Ichs bewiesen ist. Dieser Trick ist berühmt geworden unter der Formulierung: „Ich denke, also bin ich". Doch das *cogito ergo sum* wurde daraufhin weniger als Beweis für das „unerschüttliche Fundament" der Realität herangezogen, als dass als Zauberspruch herhalten musste, um die Illusion eines freien Willens zu erschaffen. Denn was ist ein Ich wert, das aus sich selbst heraus nichts vermag? Kein Ich ohne freien Willen.

Das war der Anfang einer langwierigen philosophischen Debatte, in der man nach dem Wesen des freien Willens suchte. Wo befand sich dieser freie Wille, und in welcher Beziehung stand das Ich überhaupt zur Welt? Außer dem freien Willen hatte die Debatte um das Ich noch ein weiteres Ergebnis: das Bewusstsein. Was ist ein Ich, das sich seiner selbst nicht bewusst ist? Genau, das ist jemand, der nicht weiß, was er will.

Und so entdeckte der Mensch das Bewusstsein. Eine Macht, die uns Flügel verlieh. Plötzlich konnten wir uns unabhängig von Gottes Willen und den Gesetzen der Natur bewegen und plötzlich verfügten wir über einen eigenen Willen, der wusste, was er wollte.

Und damit haben die Maximen des modernen Individualismus – „Lebe bewusst" oder „tu, was du willst" –, ihren Ursprung in Descartes' Zauberspruch.

Heutzutage aber führte die Erforschung des Bewusstseins zu einem unerwarteten Resultat, einem, das dem Bewusstsein den Garaus machen will: die Feststellung der Neurowissenschaft, dass es keinen freien Willen gibt. Inzwischen hat man das Bewusstsein geortet, es befindet sich im Gehirn. Und weil dieses Gehirn wie jedes andere Organ den Naturgesetzen gehorcht, bedeutet Bewusstsein dadurch nur noch eins: Man weiß, dass man etwas tut, aber nicht mehr warum. Oder wie Victor Lamme, Professor für kognitive Neurowissenschaften an der Universität von Amsterdam in *De vrije will bestaat niet* (Es gibt keinen freien Willen) formuliert: „Wir entscheiden etwas und denken uns hinterher einen Grund dafür aus." Die Psychologie und die Hirnforschung hätten seiner Ansicht nach gezeigt, dass wir uns bisher ein ganz falsches Bild vom Einfluss der Vernunft auf unser Verhalten gemacht hätten: „Wir glauben, dass wir unsere Entscheidungen vorbereiten, indem wir über sie nachdenken, doch in Wirklichkeit ist es anders herum."

Das klingt zwar um einiges realistischer als Descartes' Zauberspruch, doch wenn man sich von Lammes Intellekt nicht ins Bockshorn jagen lässt, erkennt man sofort, dass er mit den Worten schlampig jongliert. *Wer* fällt denn in Lammes unfreiem Willen die Entscheidung? *Wer* denkt sich denn hinterher den passenden Grund dazu aus? Wenn Lamme versucht, diese Bedenken auszuräumen, dann sollte man es tunlichst vermeiden, ihm auf die Finger zu sehen: „Die Hirnforschung versucht keineswegs, die Verantwortung des Individuums für seine Taten zu verneinen. Oberflächlich betrachtet scheint die Hirnforschung tatsächlich zu behaupten, jemand sei nicht ‚selbst‘ verantwortlich, sondern sein Gehirn.“ Das sei aber, spottet Lamme, schon deshalb blühender Unsinn, weil „er ja selbst dieses Gehirn *ist*.“ Wer aber die beiden voneinander trenne, verfalle in einen Dualismus, bei dem Geist und Körper, so sagt er, zwei eigenständige Entitäten seien. Die Hirnforschung dagegen versuche zu zeigen, dass Körper und Geist verschiedene Manifestation der ein und derselben Sache sind, und er folgert daraus – man achte auf seine Worte: „Gehirn und Geist sind identisch.“ Wir wollen dem Professor ja gerne jedes Wort glauben, doch welchen seiner Wörter sollen wir denn glauben? Mal ist der Wille das und dann wieder das, dann haben wir einen Willen und dann wieder nur das Gehirn, und mal sind der Geist und das Ich identisch und dann wieder nicht. Und was soll dieses „Ding“ überhaupt sein, von dem Körper und Geist „verschiedene Manifestationen“ sind? Lamme will genau wie Descartes alle Illusionen als böse Dämonen aus der Welt jagen, aber ihm gelingt nicht, dieses eine „Ding“ wegzujonglieren, das wie eine *black box* noch immer ungeöffnet vor uns steht.

1893 mischte sich Rudolf Steiner mit seinem Buch *Die Philosophie der Freiheit* in die Debatte ein. Steiner ist heute vor allem als Begründer der Anthroposophie bekannt. *Die Philosophie der Freiheit* entstand, bevor er diese Lebensbetrachtung ersann. Die Anthroposophie selbst ist etwas in die Jahre gekommen, doch Steiners Beitrag zur Diskussion über den freien Willen ist immer noch der Mühe wert. Sie gibt eine Auffassung über die Freiheit wieder, die ebenso verbreitet wie falsch ist: Steiner geht von einem Individuum aus, das bewusst und autonom eigene Entscheidungen zu fällen vermag. Um diese Idee dreht sich Steiners Philosophie.

Nicht nur darin stimmen Steiner und die heutige Zeit überein, auch die wissenschaftliche Epoche, in der Steiner seine Gedanken entwickelte, ähnelt der heutigen. Damals wie heute feierten die Naturwissenschaften große Erfolge und drangen immer tiefer in die alltäglichen Lebensbereiche vor, auch wenn die frühen Errungenschaften ganz anders aussahen als die modernen. Zur Verdeutlichung: Steiners Buch erschien zehn Jahre, bevor die Brüder Wright sich mit ihrem kleinen Flugapparat zum ersten Mal in die Lüfte erhoben. Wer jemals Fotos von diesem Ereignis gesehen hat (und auch die Fotografie steckte damals noch in ihrem Anfängen) weiß, dass das Ganze noch weit entfernt war vom Fliegen, wie wir es heute kennen, es sah eher aus wie Drachen-Steigen-Lassen. Technisch gesehen waren die Brüder Wright von der heutigen Fliegerei so weit entfernt wie ich mit meinem unschuldigen Bretterflugzeug von den Brüdern Wright.

Doch es wäre falsch anzunehmen, dass die Naturwissenschaften zu jener Zeit das gesellschaftliche Selbstbild weniger beeinflusst hätten als heute. Es gab nicht nur aufsehenerregende Publikationen, zum Beispiel auf dem Gebiet der Biologie, vor allem von einem gewissen Charles Darwin, sondern auch Bestrebungen, die erfolgreiche naturwissenschaftliche Methode auf die Geisteswissenschaften zu transferieren.

Steiners *Philosophie der Freiheit* scheint ein willkommenes Gegenwicht zu unserer heutigen Zeit zu bilden. Denn obwohl wir uns für selbstbewusste Bürger halten, fällen wir kaum eine Entscheidung, ohne vorher einen Coach, einen Trainer, einen Wissenschaftler oder einen Statistiker konsultiert zu haben. Steiner warnte bereits: „Keine andere menschliche Seelenbetätigung wird so leicht zu verkennen sein wie das Denken." Und tatsächlich unterschätzt man heute, wo man Bestseller mit Aussagen schreibt wie: „Unser Gehirn hat andere Pläne mit uns", oder „Der freie Wille existiert nicht", das Denken sehr schnell.

„Wer nötig findet, zur Erklärung des Denkens als solchem etwas anderes herbeizuziehen", schreibt Steiner, „wie etwa physische Gehirnvorgänge, oder hinter dem beobachteten bewussten Denken liegende unbewusste geistige Vorgänge, der verkennt, was ihm die unbefangene Beobachtung des Denkens gibt."

Um die unbedarfte Beobachtung den Fängen der kalkulierenden Naturwissenschaften zu entziehen, stellt Steiner zwei Fragen, die sich seiner Meinung nach jeder stellen sollte, es sind die „[z]wei Wurzelfragen des menschlichen Seelenlebens". Wer sie sich nicht stellt, hat das Gefühl, seiner Seele etwas Wesentliches vorzuenthalten. Die erste Frage lautet: Gibt „es eine Möglichkeit […], die menschliche Wesenheit so anzuschauen, dass diese Anschauung sich als Stütze erweist für alles andere, was durch Erleben oder Wissenschaft an den Menschen herankommt […]?" Und die zweite: „Darf sich der Mensch als wollendes Wesen die Freiheit zuschreiben, oder ist diese Freiheit eine bloße Illusion, die in ihm entsteht, weil er die Fäden der Notwendigkeit nicht durchschaut, an denen sein Wollen ebenso hängt wie ein Naturgeschehen?"

Das sind entscheidende Fragen, die, wie Steiner behauptet, in einem bestimmten Zustand der Seele „naturgemäß [...] vor diese hin(treten)" und die Tragik der menschlichen Seele formulieren, die darin besteht, dass die Seele zwar gerne festen Grund unter den Füßen hat, aber auch Flügel besitzen möchte, mit deren Hilfe sie frei ihr Schicksal überblicken zu können hofft. Der Mensch will gerne frei sein, aber nicht auf Kosten der Kontrolle. Und wenn wir uns aufrichtig fragen, wo diese Stütze ist, von wo aus alles Wissen und Erleben sich ableiten könnte, dann erschrickt die menschliche Seele angesichts der Tatsache, dass sie darauf keine endgültige Antwort weiß.

Doch damit gibt sich Steiner nicht zufrieden. Er muss der Meinung gewesen sein, dass da, wo es Fragen gibt, auch Antworten vorhanden sein müssen. Doch man kann schwerlich sein ganzes Leben damit verbringen, diese zu suchen, oder?

Die „Anschauung" bzw. „Stütze", von der Steiner spricht, besteht seiner Meinung nach aus dem „vernünftigen Denken". Der freie Wille ist gewiss keine Illusion, jedenfalls nicht so lange wir uns eines freien Willens bewusst sind.

Man fragt sich, wie sich diese Fragen so tief in die menschliche Seele einwurzeln konnten, wenn sie so einfach zu beantworten sind, wie Steiner es hier tut. Steiner begeht den Denkfehler, dieselbe Realität anzustreben wie Lamme und Descartes. Er will für alles den Grund finden, auch für unsere Freiheit, obwohl das vermutlich unmöglich ist.

Steiner begnügt sich auch nicht mit der spitzfindigen Ausrede, die Spinoza für das Problem des freien Willens in einer determinierten Existenz ersonnen hat. Der niederländische Philosoph des siebzehnten Jahrhunderts ist der Ansicht, dass der Mensch jedes Begehren für einen Ausdruck des freien Willens halten muss, weil er nicht in der Lage ist, die ersten Ursachen seines Begehrens zu erkennen. Jegliches Weiterfragen nach den Ursachen dieses Willens versandet in der unendlichen Regression – ähnlich wie beim Kind, das jeder Antwort auf sein Warum ein neuerliches Warum entgegenhält. Aus diesem Grund glauben wir an die Existenz eines freien Willens.

Steiner findet den Fehler in Spinozas Gedankengang schnell: „Spinoza und alle, die denken wie er, übersehen, dass der Mensch nicht nur ein Bewusstsein von seiner Handlung hat, sondern es auch von den Ursachen haben kann, von denen er geleitet wird."

Dieses Bewusstsein verleiht Steiner Flügel, die es ihm, wie er glaubt, erlauben, sich über das menschliche Schicksal zu erheben und sämtliche Ursachen auf einen Blick erfassen zu können. So sehen wir, wie zwei augenscheinlich sich widersprechende Auffassungen auf demselben fundamentalen Missverständnis beruhen. Sowohl die defätistischen Neurowissenschaftler als auch die hochmütigen Idealisten des Selbstbewusstseins glauben fälschlicherweise, die ganze Wirklichkeit wahrnehmen zu können, ungeachtet ihres eigenen individuellen Standpunkts. Und aus dieser idealistischen Ansicht heraus ist es unmöglich, der wahren Natur des menschlichen Strebens auf den Grund zu gehen, weil sie die Leidenschaft eliminiert. Entweder wir vermögen alles, wenn wir nur wollen, oder der freie Wille existiert nicht und wir haben überhaupt keinen Einfluss auf unser Handeln. In beiden Fällen ist Sehnsucht sinnlos. Im ersten Fall sehnen sich nur faule Menschen und im zweiten hat man es nicht in der Hand.

Und glaubt ein Denker dann tatsächlich, er habe jene „Anschauung" Steiners gefunden, von der alles Wissen und alle Erfahrung ausgehen, dann ist das meistens der Anfang eines Gedankengebäudes, das sich stets weiter von der wenig systematischen Existenz des Menschen entfernt.

Obwohl Steiner anfangs so begierig war, die menschliche Erfahrung dem Kalkül der Naturwissenschaften zu entziehen, zwingt ihn seine Forderung nach dem voraussetzungslosen Ausgangspunkt für alles Erkennen und Handeln zu einem berechnenden Blick auf die Welt. Und zwar einem Blick, der dem des modernen Individuums ähnelt. „Das menschliche Individuum ist Quell aller Sittlichkeit und Mittelpunkt des Erdenlebens. Der Staat, die Gesellschaft sind nur da, weil sie sich als notwendige Folge des Individuallebens ergeben." Steiners Welt beginnt beim Individuum, das weiß, was es will. Denn keine Handlung kann in seinen Augen frei sein, „von der der Täter nicht weiß, warum er sie vollbringt."

Für Steiner liegt der Sinn des Lebens darin, dass Individuum im Bewusstsein handelt, das zu tun, was ihm die größtmögliche Lust verschafft – wobei die Lust, wie er definiert, die „Erfüllung des Strebens" bedeutet. Das bedeutet jedoch, dass die Welt, der der Mensch bei jeder Wahl gegenübersteht, übersichtlich geordnet sein muss. Aus dieser Ordnung muss und kann er dann eine Wahl treffen. Das klingt zwar übersichtlich, zuerst das Ei, dann das Huhn, aber was, wenn die Welt gar nicht so einfach zusammengesetzt ist?

„Wir erstreben niemals eine abstrakte Lust von bestimmter Größe", schreibt Steiner, „sondern die konkrete Befriedigung in einer ganz bestimmten Weise. [...] Wer nach Sättigung strebt, dem kann man die Lust an derselben nicht durch eine gleich große, aber durch einen Spaziergang erzeugte ersetzen." So schön das auch klingt und wie sehr wir uns das in einer Zeit, in der unsere Begierden in Tabellen und Untersuchungen meistens nur miteinander verglichen werden, zu Herzen nehmen sollten, hier irrt Steiner gewaltig. Denn hinsichtlich der Auswirkungen eines freien und bewussten Willens unterschlägt er einen Schritt. Er vergisst das Stadium, in dem wir die Welt vorfinden, nämlich den Zustand der diffusen Vielheit: Ein Zuviel an Verlangen, Erwartung, Verführung und Urteil.

Das existentielle Problem der Wahl wird durchweg für ein Problem des menschlichen Defizits gehalten, denn der Mensch will mehr, als er kriegen kann, nichts kann im Grunde sein endloses Verlangen stillen. Er will schon, bevor er überhaupt weiß, was er will. Der defizitäre Mensch hat nicht zu wenig, sondern zu viel. Kein quantitatives Zuviel, sondern ein chaotisches. Sinn- und Bedeutungsverleihung gehen jeder konkreten Befriedigung voraus. Die abstrakte Lust wiederum bestimmt das Verlangen nach etwas Konkretem, den Willen etwas zu besitzen.

Wir sehen die Welt zu oft und zu Unrecht als übersichtliches Schaufenster voller Waren, womit wir nach einer wohlüberlegten Wahl unsere Bedürfnisse und Wünsche stillen können. Aber die Welt ist eher eine Tanzfläche, die wir mit ungezählten Schrittkombinationen betreten können. Selten sind Möglichkeiten so bestimmt und konkret, wie Steiner behauptet, das werden sie höchstens durch das Handeln, und zwar rückwirkend, so, wie eine anfangs zufällig durchgeführte Tanzbewegung gewisse Folgeschritte notwendig machen, soll ein bestimmter Tanz daraus werden.

Konkrete Dinge stillen unsere abstrakte Lust, weil sie, wie Schopenhauer es formulieren würde, Objektivationen des Willens sind. Das erklärt auch, warum wir im Fußball bei einem verpassten Tor sagen können: Wenn der drin gewesen wäre, wäre das ein Supertor gewesen. Logisch betrachtet, ist diese Aussage vollkommen unsinnig, denn der Ball war ja nicht im Tor, es war also kein Tor und somit auch kein Supertor. Doch diese Bemerkung zeigt, dass es beim Fußball nicht um die erfolgreiche Berechnung der Ballkurve geht, sondern um eine gelungene, während des Spiels entstehende Darbietung: Ein Chaos, das Form angenommen hat. Ein Tor lässt sich nicht durch eine einzige Kombination des Zuspiels schießen, der Ball kann an viele und nicht nur an einen Spieler weitergegeben werden. Steiner bewertet in seinem System die einzelnen, zum Ziel gekommenen Bestrebungen unterschiedlich, wogegen er den nicht zum Ziel gelangten keine Aufmerksamkeit widmet. Dabei lebt der Mensch wie im Fußball inmitten von schönen und weniger schönen Fehlschüssen.

Eine Philosophie des menschlichen Defizits konzentriert sich auf die Unmöglichkeit, alle Spieler gleichzeitig anzuspielen. Aber das ist nicht die wahre Wahl, vor der der spielende Mensch steht. Seine Wahl besteht darin, zu entscheiden, auf welche Weise er einem Zuviel Form verleihen will. In diesem Zuviel muss der Mensch stets eine bestimmte Illusion aufrecht erhalten. Eine Illusion, die ihm Flügel verleiht, oder in jedem Fall das Gefühl, fliegen zu können.

Steiner unterschätzt die Kraft dieser Illusion. Und darin ist er nicht der einzige. Wir vergessen zu oft, dass der Begriff der Illusion sich aus dem lateinischen Wort *ludere* ableitet, das spielen bedeutet. Wir verstehen heute Illusion aber nicht als Spiel, sondern als Irrtum. Dieses Missverständnis unterlief auch dem Moderator Wilfried de Jong während eines langen Fernseh-Interviews mit dem niederländischen Illusionisten Hans Klok.

Früher hieß ein Illusionist einfach noch Zauberer und Hans Klok Hans Kazán, was beides irgendwie dasselbe ist. Illusionisten wie Zauberer vollführen mit geschickten Fingern Tricks, mit denen sie Illusionen schaffen und zaubern. Während des Interviews verrät Hans K., der zweite, einige seiner Tricks. Er fordert de Jong auf, eine Karte zwischen Daumen, Mittel- und Ringfinger zu halten und zeigt ihm, wie man diese danach mit einer einzigen, fließenden Bewegung hinter dem Handrücken verschwinden lässt. Es ist ein elementarer Zaubertrick, aus dem sich viele weitere Tricks ableiten, wie die Vortäuschung des Herbeizauberns immer neuer Karten. Er tut so, als werfe er einen ganzen Stapel Karten in die Luft, in Wahrheit sind es aber nur vier, die er immer wieder hinter seinen Handrücken verschwinden lässt. Und als Schlussakt zieht er mit demselben Trick einen Stapel Karten aus dem Mund. Obwohl de Jong aufgeklärt wurde über die wahre Natur des Tricks und obwohl er daneben steht, ist er sichtbar überwältigt von der illusionären Kraft des Zaubers.

Soweit nichts Besonderes, nur simple optische Täuschungen, an die wir meist zuerst denken, wenn wir das Wort Illusion hören: Etwas *scheint* nur so zu sein, aber wir können beweisen, dass dem nicht so *ist*. Doch dann nimmt das Gespräch eine überraschende Wendung. De Jong fragt Hans K. nach dem Unterschied zwischen einem Magier und einem Zauberer.

Der Zauberer muss keinen Moment nachdenken: „Zaubern ist real." Der Interviewer legt die Stirn in Falten und will mehr wissen. Es stellt sich heraus, dass der Zauberer an Gott und Voodoo gleichzeitig glaubt. „Sind Sie wirklich davon überzeugt?" Der Interviewer kann ein spöttisches Lachen kaum unterdrücken. „Ist das nicht ein bisschen merkwürdig?", fragt er in aller Höflichkeit: „Sie führen uns mit den allerschönsten Illusionen in die Irre und dann gehen Sie der größten aller Illusionen auf den Leim: Gott?"

So sehen wir, wie Wörter uns täuschen können. Wir bezeichnen Gott als eine Illusion und denken dabei an eine optische Täuschung. Es scheint ihn zu geben, genau wie den Nikolaus. Doch bei Letzterem erweist es sich am Ende immer, dass es der Nachbar ist – man braucht nur auf die

Schuhe zu achten. Bei der Illusion Gott verhält es sich etwas anders. Gott lässt sich weder beweisen noch widerlegen, denn er beruht weniger auf einer optischen als auf einer ontologischen Illusion. Eine Seinsform, die wie der freie Wille weder bewiesen noch widerlegt werden kann.

Victor Lamme ist ein lausiger Magier, und sein Zylinder ist das Gehirn. Der freie Wille wird sich wohl schwerlich durch eine Computertomographie nachweisen lassen, dennoch können wir seine Existenz in der Realität unseres Lebens unmöglich leugnen. Rudolf Steiner ist ein Idealist, das ist jemand, der die Künste eines Magiers nur zu schätzen weiß, wenn sie real sind, und der sich nicht mit einem illusionären Schwall von Karten begnügt, sondern unbedingt einen *realen* haben will.

Steiner und der Magier sind Illusionisten, ihre Ergebnisse lösen sich in Luft auf, sobald man den Trick kennt. Nur, für den freien Willen trifft das nicht zu. Keiner kann aus seiner Existenz treten, um nachzusehen, welcher Trick sich dahinter verbirgt: Wir können nicht aus unserem Willen. So etwas vermag man nicht zu wollen.

Steiner war der Tragik „tief im menschlichen Seelenleben" auf der Spur, aber er entschied sich aus freiem Willen, nicht darauf zu warten, wohin ihn diese Tragik in der Welt führen würde, sondern zog den kalkulierenden Verstand dem Spiel der Einbildungskraft vor. Das bestimmt auch den Unterschied zwischen den beiden Methoden, wie die menschliche Freiheit als Irrtum zu entlarven ist: zum einen durch die

Erzählungen der Literatur und Mythologie, zum anderen durch die Wissenschaft und den Idealismus.

Der Mythos des Ödipus erzählt sehr einfühlsam von der Machtlosigkeit des freien Willens im Leben des Menschen. Ödipus' Flucht vor dem Orakel, das prophezeite, er werde seinen Vater ermorden und seine Mutter heiraten, führt ihn geradewegs in die Fänge des Schicksals. Aber die Geschichte erzählt auch, dass Ödipus ohne den Glauben, für sein eigenes Handeln selbst verantwortlich zu sein, nicht leben kann. Denn dann wären seine Irrwanderungen und seine Flucht vollkommen sinnlos. Der Wille ist zwar dem Mythos zufolge eine Illusion, doch gleichzeitig zeigt uns das darin dargestellte Leben, dass wir den Glauben daran nicht aufzugeben brauchen.

J.M. Coetzee beschreibt in seinem Roman *Leben und Zeit des Michael K.* das Schicksal eines Menschen, der im Grund das Leben nur als Defizit kennenlernt. Michael wird in die Armut und mit einer Hasenscharte geboren, seine Mutter „schauderte beim Gedanken an das, was da all die Monate in ihr gewachsen war". K. gelingt es nach einer furchtbaren Kindheit, im Waisenhaus als Gärtnergehilfe bei der Stadtgärtnerei von Kapstadt zu überleben. Er ist einsam. „Wegen seines Gesichtes hatte K. keine Freundinnen." Als der Bürgerkrieg ausbricht, will er seine alte, kranke Mutter aufs Land zurückbringen, wo sie aufgewachsen ist. Doch auch damit scheitert er, denn die Mutter stirbt unterwegs, und weil K. keine Ausweispapiere besitzt, muss er sich, so er nicht in einem Internierungslager landen will, als illegaler Landstreicher durchs Leben schlagen.

Aus Steinen, Pfählen und Wellblech und etwas Lehm und trocknem Gras baut er sich an einem Damm eine Unterkunft. Doch eines Tages spült ein Unwetter seine Lehmhütte weg. Heutzutage gehen wir, wie Steiner in seiner *Philosophie der Freiheit*, davon aus, dass die Welt objektiv beobachtet werden kann und dass ein Individuum, folgt es seinem Kompass des bewussten Denkens, in ihr seinen Weg finden kann. Im Leben von Michael K. gibt es nichts zu beobachten und es gibt auch keine Wahl. Das einzige, was ihm vom Leben bleibt ist Verlust und trotzdem erlebt er in seinem Versteck, in seiner selbsterrichteten Illusion, eine größere Freiheit, als er es je in der Welt der Wahlmöglichkeiten empfunden hat.

Doch dann wird er mehr tot als lebendig aus dem Schlamm seiner eingestürzten Hütte gezogen und landet wieder in Kapstadt, wo er auf Wohlwollen anderer angewiesen ist. „Ich bin ein Gegenstadt der Nächstenliebe geworden, dachte er. Überall, wo ich hinkomme, warten die Leute darauf, ihre Formen der Nächstenliebe an mir auszuüben. All diese Jahre, und noch immer habe ich das Aussehen eines Weisenkindes. […] Sie wollen, dass ich mein Herz öffne und ihnen die Geschichte von einem in Käfigen verbrachten Leben erzähle. Sie wollen alles über die Käfige hören, in denen ich gelebt habe, als wäre ich ein Wellensittich oder eine weiße Maus oder ein Affe. Und wenn ich im ‚Huis Noenius‘ Geschichtenerzählen gelernt hätte statt Kartoffelschälen und Rechnen, wenn sie mich die Geschichte meines Lebens hätten üben lassen, mit einem Rohrstock hinter mir stehend, bis ich sie ohne Stocken hätte vortragen könne, dann hätte ich ihnen vielleicht den Gefallen tun können. […] Wenn meine Geschichte zu Ende gewesen wäre, würden die Leute traurig und ärgerlich die Köpfe geschüttelt haben, um mich dann mit Essen und Trinke zu überhäufen. Frauen würden mich in ihre Betten genommen haben und hätten mich im Dunkeln bemuttert."

Aber K. hat keine Geschichte zu erzählen. In der Stadt zu leben wäre für ihn zwar vernünftig, weil er sich dort von Almosen ernähren kann, doch er will ohne die Illusion des selbstbestimmten Handelns nicht leben und kann es auch nicht. Er zieht wieder zurück aufs Land, wo seine Hütte gestanden hat, er denkt „an die grauen Dornbüsche, den steinigen Boden, den Kreis der Berge; an das Gebirge purpurn und rosa in der Ferne, an den großen stillen blauen leeren Himmel, an die graue und braune Erde unter der Sonne, außer hier und da, wo, schaute man genau hin, eine Spitze leuchtendes Grün zu sehen war, ein Kürbisblatt oder ein Karottenbüschel." Das Land, wo er fast gestorben ist, aber niemals ohne Illusionen gewesen war.

5 EINE MARKIERUNG AUF DEM STRASSENPFLASTER

Das Verlangen nach Unmittelbarkeit

MITTE DER ACHTZIGER JAHRE führte uns eine Klassenfahrt nach Den Haag. Am Ende des Nachmittags, kurz bevor wir uns auf dem Innenhof versammelten, um die Rückreise im Bus anzutreten, beobachtete ich, wie sich zwei Männer mit einer Kamera und einem Mikrofon vor dem Ausgang des Parlaments aufstellten. Das weiß-blaue Emblem auf der Kameraausrüstung sagte mir, dass es sich um ein Kamerateam der Abendnachrichten des Senders NOS handelte. Wie ein Spion beobachtete ich die Männer aus den Augenwinkeln heraus. Ohne erkennbares Zeichen lösten sie sich jedoch plötzlich aus ihrer wartenden Haltung und verwandelten sich in Schauspieler in einem Theaterstück, in dem wie aus dem Nichts ein dritter Schauspieler auftauchte. Im Anzug und mit einer schmalen Aktentasche unter dem Arm kam er aus dem Gebäude geeilt, blieb, als befände sich an dieser Stelle eine Markierung auf dem Straßenpflaster, urplötzlich stehen und warf sich in Pose. Gruß los und ohne seine Umgebung eines Blickes zu würdigen, beantwortete er ausführlich die Fragen des Mannes mit dem Mikrophon.

Da die Stimmen im Straßenlärm untergingen und auch keine Bühne vorhanden war, sah das Ganze aus wie eine Theaterprobe. Als mir klar wurde, dass die Sache ernst war, ging ich auf die Szenerie zu, die von einem unsichtbaren Kreis umgeben zu sein schien. Ich trat in den Zauberkreis und ging hinter dem Mann mit der Aktentasche vorbei. Und noch einmal. Und noch einmal. Und erst beim dritten Mal wagte ich es zu winken.

Der Mann mit der Aktentasche muss zu diesem Zeitpunkt wohl etwas Wichtiges gesagt haben, denn ich wurde nicht herausgeschnitten, sondern meine pubertäre Aktion war am Abend in voller Glorie in den Abendnachrichten zu sehen. Ich habe die Nachrichten mit dem Videorecorder mitgeschnitten und mir die Bilder zigmal angesehen, aber welcher Politiker interviewt worden war und worüber gesprochen wurde, weiß ich bis heute nicht.

In den Achtzigern war das In-die-Kamera-Winken noch ein weitverbreitetes Hobby, heute gibt es überall Kameras und der unsichtbare Kreis hat sich auf den gesamten öffentlichen Raum ausgeweitet. Alle spielen wir in einem riesigen Theaterstück mit, selbst wenn das Fernsehen nicht in den Abendnachrichten darüber berichtet. Und in diesem Theaterstück spielt jeder sich selbst, in natura – als wär's echt.

Dem deutschen Philosophen Helmuth Plessner (1892–1986) zufolge unterliegt der Mensch dem „Gesetz der natürlichen Künstlichkeit": Unser Erdenleben ist nur möglich mithilfe künstlicher Mittel, die uns inzwischen fast zu Körperteilen geworden sind. Seit wir den ersten Stein geworfen haben, ist uns die Technik zur zweiten Natur geworden.

Eine Distanz berechnen wir nicht mehr nach der Zeit, die wir brauchen, um diese zu Fuß zurückzulegen, sondern mit dem Fahrrad, der Straßenbahn oder dem Auto. Wir denken und bewegen uns mit diesen technischen Hilfsmitteln, als ob sie körpereigen wären. So wie wir manchmal sagen: „Ich stehe dort drüben", wenn wir unser geparktes Auto meinen.

Aber von allen Apparaten, die sich unser Körper zu eigen gemacht hat, haben wir die Kamera am meisten verinnerlicht. Wohl deshalb, weil wir die Welt zu häufig durch die Augen einer Kamera betrachten. Damit meine ich nicht die Video- und Fotokameras der Großeltern, die durch deren Objektive die Enkel aufwachsen sehen, auch nicht die Fotokameras der chinesischen Touristen auf Europareise. Unser Bild der Welt setzt sich aus Fernsehbildern, Zeitungsfotos, Familienfotos, Wetterwebcams, YouTube, Facebook, Videonachrichten von Selbstmordterroristen und Satellitenbildern von Massenvernichtungswaffen zusammen. Aufgrund von Computertomographien, Ultraschall- und Röntgenbildern wissen wir sogar, wie es in unserem Körperinnern aussieht, und mit den Bildern „im Kopf" sehen wir unseren Körper. Auch ohne Linse vor der Kamera nehmen wir jedes Detail im Alltag im Licht des großen Gesamtbilds wahr, das sich aus ungezählten Einzelbildern zusammensetzt.

Die körperliche Aneignung der Kamera ergibt sich auch aus unserem „Wahrnehmen", nicht nur aufgrund des Bildinhalts, sondern weil die Kamera uns die Perspektive und den Rahmen unserer Wahrnehmung vorgibt. Ganz ähnlich wie früher bei der Malerei, wofür die Linearperspektive verantwortlich war. „Durch die Anwendung der

Linearperspektive" schreibt Petran Kockelkoren in seinem Werk *Techniek: kunst, kermis en theater (Technik: Kunst, Jahrmarkt und Theater)*, „wird die Welt zu einem äußerlichen Bild transformiert, während in derselben Bewegung der Betrachter rückwärts aus dem Bild gedrängt und zu einen Betrachter auf Distanz wird." Aber neben dieser formschaffenden Perspektive übt auch noch die Ästhetik des Bildes Einfluss auf den Betrachter aus. Dank der niederländischen Meister sehen wir den Wolkenhimmel mit anderen Augen, dank der Impressionisten das Strandleben, dank der *Wildlife*-Fotografie die Natur. Kein Blick ist ohne Folgen (Schauen ist nie folgenlos): Der Bezugsrahmen legt nicht allein eine ästhetische Norm über die Wirklichkeit, sondern, da mit Vorliebe das Fotogene abgelichtet wird, er hat auch in ethischer Hinsicht bedenkliche Auswirkungen, man denke nur an die Essstörungen bei Fotomodellen oder an das Aussterben wenig fotogener Tierarten.

Die Kamera fügt unseren Sinnesempfindungen außer dem Betrachten noch etwas anderes hinzu: das Betrachtetwerden. Wir spüren sofort, wenn eine Kamera auf uns gerichtet ist. Kaum haben wir eine Kamera erblickt, ändern wir unser Verhalten. Die Kamera wird zum Zweck und ist nicht länger nur ein Mittel. Wer oder was sich dahinter verbirgt, interessiert uns nicht. Wir sind stets auf eine Kamera vorbereitet, haben also immer eine Haltung parat, für den Fall, dass plötzlich ein Kameraobjektiv auftaucht.

Die Existenz dieses Instant-Reflexes ist auf den Fotos niemals zu entdecken, weil wir in jedem Bild, das wir betrachten, eine Zweckmäßigkeit voraussetzen. Müssen wir auch, denn wir sehen ja stets nur Fragmente, Bilder, die aus dem Zusammenhang gerissen sind; was fehlt, ergänzen wir selbst. In jede menschliche Haltung, die wir auf einem Foto oder in einem Film entdecken, interpretieren wir eine Bedeutung hinein, und jeder Szene unterstellen wir einen Sinn für das Ganze.

Nur die Kunst vermag es gelegentlich, diese unsichtbare Haltung, den Instant-Reflex, sichtbar zu machen. Die Fotografin Kim Nuijen (1984) wollte mit ihrem Projekt „*Instant reflex* (2011) das offenbaren, was sich hinter der Fotografie verbirgt. Dazu stellte sie sich mitten im öffentlichen Raum auf einen kleinen Tritthocker und rief den Passanten mit Hilfe eines Megaphons zu, für einen Moment zu ihr rüberzusehen, sie wolle ein Foto machen. Aus dem dabei entstandenen Massenfoto isolierte sie dann einzelne Gesichter. Diese Porträts dekonstruieren zum einen beim Betrachter die Erwartung, dass allem ein Zweck zugrunde liegt, zum anderen entlarven sie die Posenhaftigkeit des Instantreflexes beim Porträtierten.

„Sobald ich nun das Objektiv auf mich gerichtet fühle, ist alles anders", schreibt Roland Barthes in *Die helle Kammer/Camera Lucida*, dem berühmten Essay über Photographie aus dem Jahre 1980, „ich nehme eine ‚posierende' Haltung ein, schaffe mir auf der Stelle einen anderen Körper, verwandle mich bereits im Voraus zum Bild."

Nuijens „Porträts" fangen diese „Pose" ein. Es sind Porträts von niemandem und für niemanden. Es sind einzelne Gesichter, die aus einer inkohärenten Menschenmasse aufblicken, als Reaktion auf eine anonyme Frage und ohne zu wissen warum. „Können Sie alle mal hersehen. Ich möchte ein Foto machen!" Nuijen versuchte, sowohl beim Aufnehmen als auch beim Zuschneiden und bei der Auswahl der Fotos den Kontext zu eliminieren. Ihr dekonstruierender Blick entlarvt die Kamera als zweite Natur: Wir sehen zwar ein intimes Lächeln, eine Irritation, Widerstand sogar (ein erhobener Mittelfinger), Gleichgültigkeit, Eile, Verlegenheit, Abscheu, doch jede dieser Haltungen ist verfälscht von der Patina der Pose, die dem anonymen Auge geschuldet ist.

Während des Säkularisierungsvorgangs der Geschichte fiel keinem auf, dass wie ein *deus ex machina* heimlich ein neuer Gott in unserem Leben aufgetaucht ist: das anonyme Auge der Kamera; ein künstlicher Gott, dem wir mit naturähnlichem Verhalten huldigen. Die einzige Forderung des anonymen Auges besteht darin, man selbst zu sein. Und so wurde die Kamera nicht wie das Fahrrad oder der Zug zu einem vermittelnden Verlängerungsstück unseres Körpers, sondern zu einer *Dermatitis artefacta*: Wir haben die Kamera auf der Haut, sie befindet sich auf der Haut wie eine Unpässlichkeit, die wir uns selbst verpasst haben.

Zur Sicherheit zog ich am nächsten Tag dieselben Kleider an, mit denen ich im Fernsehen zu sehen gewesen war. Eine grüne Mütze und eine Jacke aus beigem Jeansstoff. Weil mein alberner Streich auf der Rückfahrt mit dem Bus ausführlich besprochen worden war, hatte fast die ganze Klasse die Abendnachrichten gesehen. Zu meiner Freude aber kam in der ersten Pause ein Mädchen auf mich zu, in das ich heimlich verliebt war. Ich sehe es noch heute vor mir: Sie und ihre Busenfreundin, beide gleich zierlich. An ihren leuchtenden Augen konnte ich ablesen, dass sie mein Auftauchen in der anderen Welt der Abendnachrichten ebenfalls mitbekommen hatten.

Es war wie Weihnachten. Die ganze Angelegenheit war kaum der Rede wert, keine Heldentat, kurz, an mir war nichts zu sehen – und trotzdem umgab mich auf einmal eine besondere Aura. Heute brauchte ich nichts zu erklären, nichts besonders zu tun, die anderen sahen einen jetzt im Rampenlicht: der zufallsbestimmten Atmosphäre der Welt enthoben, in eine Sphäre versetzt, in der Zeit keine Rolle zu spielen schien.

Doch diese Zeitlosigkeit hatte schlagartig ein Ende, als sie mich fragte. „Warum hast du nicht gewinkt? Hast du die Kamera denn nicht gesehen?"

Paff! Weg war die Aura. Winken hätte ich sollen! Dass ich es getan hatte, sagte ich nicht. Warum weiß ich auch nicht.

So war das früher, als die Kamera noch ein Ding war und noch nicht eine selbstverständliche Verlängerung unseres Körpers. Wenn man damals das Glück hatte, dass der Gott des Fernsehens sein Auge auf einen fallen ließ, dann musste man unbedingt allen, die auf Erden vor der Glotze saßen, zuwinken. Doch will man heute Eindruck schinden, sollte man es sich aus dem Kopf schlagen, winken zu wollen. Dann sollte man mit aller Macht die Kamera und die Außergewöhnlichkeit der Situation ignorieren und sich bemühen, einfach man selber zu sein.

Weil wir es heute gewöhnt sind, dass alles inklusive man selbst filmisch oder fotografisch dokumentiert wird und außerdem die Verbreitung nicht mehr im Vordergrund steht, ist es schwierig, sich vorzustellen, dass die Kamera früher vor allem ein Artefakt war, das uns mit einer von uns unabhängig existierenden Welt verband – mit der Welt des Fernsehens. Die Kamera als äußeres Phänomen, als Objekt, ist so gut wie verschwunden und hat der innerlichen Erfahrung Platz gemacht. Bei der gegenständlichen Kamera war noch greifbares, fotografisches Wissen nötig: Brennweiten, Belichtungszeiten, Entwicklungszeiten, Negative usw. (das meiste davon ist mit der Digitalisierung sinnlos geworden). Heute besteht das fotografische Wissen aus der Beherrschung der Perspektive. Mit Perspektive meine ich nicht die Linearperspektive, sondern eine Betrachterhaltung, die sich innerhalb des Dreiecksverhältnisses von Fotograf, Modell und Bild, oder besser: von Künstler, Akteur und Bild vollzieht. Die Welt wird mittels dieser Dreifachfunktion wahrgenommen: Jeder weiß, wie man durch einen Sucher schauen muss und wie man sich verhalten muss, um „das natürliche Ich" zur Geltung zu bringen, und jeder hat eine Vorstellung vom letztendlichen Bild.

Dadurch, dass wir diese Dreifachperspektive perfekt beherrschen, sind wir uns auch stets des Fotogenen oder Filmischen einer Situation bewusst, was unserem Verhalten das Muster der gespielten Ungekünsteltheit aufzwingt. Dadurch gleichen wir den Statisten im Film. Wir wissen: In die Kamera schauen oder gar winken versaut die Aufnahme. Nur auf den Riesenbildschirmen von Fußballspielen und Popkonzerten mit Liveaufnahmen des Publikums sind noch Winker und Grimassenschneider zu sehen, das Publikum einer Talkshow oder die Passanten während einer Außenaufnahme glänzen jedoch mit perfekt imitierter Authentizität.

Unter den Fotos von unserem Hochzeitstag gibt es auch eines, bei dem wir gerade das Rathaus verlassen und uns durch die wartende Menschenmenge drängen. Weil ich nicht recht wusste, wie ich mich verhalten sollte, winkte ich dem Fotografen zu. Ein Freund lachte mich aus, als er das Foto sah. Ob ich mich für einen Filmstar auf dem roten Teppich in Cannes gehalten habe? Und tatsächlich, außer den Idioten dürfen nur noch die Stars mit dem ungeschriebenen Gesetz brechen, dass man sich „natürlich" verhalten soll, wenn eine Kamera auf einen gerichtet ist. Stars sind in ihrer Rolle ohnehin sie selbst, die Geste des Winkens setzt ein Publikum voraus, von dem sich ihr Status als Star ableitet.

Die Reaktion meines Freundes führte mir vor Augen, wie sehr die Kamera in unser Leben integriert ist: Wir vergessen sogar, dass wir, um „natürlich" zu erscheinen, die unabdingbaren Kameras und Fotografen *künstlich* ignorieren müssen. Wer aus Verlegenheit eine Hand zum Gruß erhebt, wird heutzutage für weniger natürlich gehalten als der, der krampfhaft Kameramann oder Fotograf negiert. Auf diese Weise betrachten wir unser Leben ausschließlich aus der Distanz heraus und sind vor allem über der Welt statt in ihr.

Weil unser Leben heute kaum noch von den Regeln gesell-
schaftlicher Schichten, des altersgerechten Verhaltens
oder religiöser Vorschriften bestimmt wird, übersehen wir
einen ganz anders gearteten, noch laufenden Zivilisations-
prozess, der auf die Herausbildung der scheinbaren Natür-
lichkeit, des authentischen Ichs, zielt. Dieses Ich ist natürlich mitnichten authentisch. Es ist eine Kopie des Selbstbil-
des, das die Allgemeinheit von sich macht. „Oder soll man
glauben, dass elfjährige Mädchen aus sich selbst heraus bis
zu zehn Mal pro Tag den Kopf in den Nacken werfen und
‚Booooooring' kreischen?", fragt Raoul Heertje in seinem
Buch *Mark Rutte is lesbisch* (Mark Rutte ist lesbisch, 2011).
„Das Fernsehen liefert uns endlos viele Vorbilder, die wir
kopieren. Und diese Kopien schauen sich dann alle von
einander ab."

Durch die vielen Vorbilder der „natürlichen" Pose
verhalten wir uns, als beobachte uns fortwährend ein anony-
mes Auge, mit dessen Hilfe sich die Allgemeinheit ihr Selbstbild formt. Um unser Ich „natürlich" erscheinen zu lassen,
dürfen wir nicht zweifeln, verlegen sein, Scham zeigen, stot-
tern oder zu lange nachdenken, das alles würde dieses Bild
verderben. Doch auch der öffentliche Raum, in dem keine
Scham gezeigt werden darf, kann schamlos sein. Mit dem
Verschwinden der Zurückhaltung im öffentlichen Raum
geht ein entscheidendes Element des sozialen Umgangs verloren. Es ist der Zwischenraum, den Verlegenheit und
Scham schaffen. In ihm können die eigenen Ansichten ge-
ändert werden und Situationen ihre Ambiguitäten entfal-
ten. Weil das anonyme Auge Scham verbietet und Natürlich-

keit verlangt, ist der öffentliche Raum zu einem einzigen großen Theaterstück aus lauter Einzelszenen geworden. Wie Foto und Film dem Betrachter zwangsläufig nur unzusammenhängende, aus dem Fluss der Ereignisse herausgelöste Bruchstücke vorsetzen, verwandelt sich das soziale Leben heute unter dem Druck des anonymen Auges zu einer Ansammlung einzelner fotografischer Augenblicke.

Wie aber konnte die Kamera einen so großen Einfluss auf das öffentliche Leben erlangen? Warum blieb sie nicht einfach das Dokumentationsmittel, das sie so lange war? Der Anfang einer Erklärung könnte in *Die helle Kammer* zu finden sein, in Roland Barthes bereits erwähntem Essay über die Fotografie. Barthes weist auf den entscheidenden Unterschied zwischen Malerei und Fotografie hin. Eine Fotografie löst sich im Grunde nie von ihrem Referenten. Während ein Gemälde unverkennbar stets eine Repräsentation von etwas ist, das an anderer Stelle der Wirklichkeit *wirklich* existiert, scheint das fotografische Bild aufgrund seiner Perfektion nicht unbedingt etwas *Anderes* zu repräsentieren. Erstmals in der Geschichte der Wahrnehmung erscheint eine Repräsentation so real wie das, was sie repräsentiert. Das fotografische Bild wird materialisiert durch den Körper, dessen Darstellung es ist, schreibt Barthes. Das Gemälde dagegen verweist in seiner Form auf ein außerhalb von ihm existenten Körper.

Der Mensch neigt ohnehin dazu, die verschiedenen Erscheinungsformen, in denen seine Wirklichkeit sichtbar wird, ohne weiteres für die Wirklichkeit an sich zu halten – kaum einer kommt auf die Idee, ein Gemälde als eine lose Ansammlung von Farbpartikeln zu betrachten. Doch der Umstand, dass bei der filmischen und fotografischen Vermittlung von Wirklichkeit, wie Barthes betont, das Bild nicht losgelöst von der Referenz gesehen wird (sogar die Repräsentation begnügt sich für ihre Realität mit sich selbst!), macht es beinahe unmöglich, uns des Charakters der Vermittlung dauernd bewusst zu sein. Selbst wenn wir wissen, dass ein Bild zwangsläufig immer eine Repräsentation darstellt. Ich erinnere mich an den tonlosen 8 mm-Film, den mein Vater anlässlich meiner Geburt drehte. In ihm ist zu sehen, wie meine Tante Dien mit ihrem roten 2CV rückwärts den Kiesweg unserer Auffahrt hinunterfährt. Jedes Mal, wenn wir in unseren Schlafanzügen auf dem Sofa sitzend diese kurze Szene auf der Projektionsleinwand flackern sahen, ging ein kurzer Schauder durch das verdunkelte Wohnzimmer. Ich vermute, dass sich sogar mein Vater beim Bedienen des Projektors des Eindrucks nicht erwehren konnte, durch das Knattern des Projektors hindurch den Zweizylinder der roten Ente tuckern zu hören, und wenn man die Ohren spitzte sogar das Knirschen der Räder im Sand.

Als mir meine Mutter, ich muss ungefähr vierzehn gewesen sein, an einem Sonntagnachmittag ein Schwarzweiß-Foto von sich als Siebzehnjährige zeigte, wurde mir die immense Scheinbarkeit und Tragik der einem Foto inhärenten Unmittelbarkeit zum ersten Mal so richtig bewusst. Zunächst war ich verlegen, weil ich sie hübscher fand als die Mädchen meiner Klasse. Doch dann verwirrte mich der Anblick meiner

Mutter auf diesem Schwarz-Weiß-Foto, nicht im freudianischen Sinne, sondern im Gegenteil: Ich fand die Vorstellung unbegreiflich, dass ich, der meine Mutter so gut kannte, ja, aus ihr geboren worden war, sie niemals so kennenlernen würde, wie sie auf diesem Foto gewesen war.

Der Grund dafür, dass wir die Welt am liebsten *unmittelbar* wollen, das heißt, ohne ein Medium zwischen ihr und uns, liegt nicht in unserer Ungeduld, ihr wahres Wesen erkennen zu wollen, sondern ist eine Folge unserer Skepsis dem Mittel gegenüber. Denn das Mittel folgt einer paradoxen Logik: Es dient einem Zweck und ist effektiver, je leichter es zum Ziel führt. Je besser es funktioniert, desto weniger wird es bemerkt. Das bedeutet, dass das beste Mittel jenes ist, das sich selbst aufhebt. Doch wird es jemals ein Mittel geben, das sich vollkommen in der Unmittelbarkeit auflöst? Werden wir die Welt jemals ganz ohne Darstellung der Welt wahrnehmen können, das heißt, sichtbar bis in ihren Kern?

Sobald sich die Mittel technisch verbessern, verlieren die alten ihre bisher täuschende Unmittelbarkeit. Der Videorecorder beispielsweise hat seine Magie verloren. Im Vergleich mit der heutigen Technik *vermittelt* er für unser Empfinden kaum noch etwas, sondern behindert mit seiner Trägheit eher den Kontakt zwischen uns und der Wirklichkeit. Die neuen Medien dagegen erlauben uns *live* und in *realtime* den Zutritt zur wirklichen Welt. Deren Zauberkreis erweitert sich immer mehr – bis wir am Ende alle glauben, selbst auf der Markierung auf dem Straßenpflaster zu stehen.

Die Entwicklung der Kamera zeigt die mustergültige Perfektionierung eines Mittels. Im neunzehnten Jahrhundert war die *camera obscura* fast noch so groß wie ein Zimmer, doch sie ermöglichte es erstmals, auf einer lichtempfindlichen Platte ein Bild zu fixieren, allerdings unter der Bedingung, dass das Motiv vollkommen unbewegt war. Indem der Fotograf sich ein großes, schwarzes Tuch über den Kopf zog, kroch er zur Aufnahme gewissermaßen in eine Dunkelkammer. Dieses kleine dunkle Zimmer brachte man schließlich im Apparat selbst unter, wodurch Fotograf und Modell mobiler wurden. Mit der digitalen Kamera verschwand dann sogar die Alchemie der Dunkelkammer, so dass sich das technische Mittel fast bis zur Unsichtbarkeit reduzierte. *What you see is what you get.* Und dadurch, dass das Bild heutzutage sofort im Internet verbreitet werden kann, löste sich die Gegenständlichkeit des Mittels nahezu in nichts auf.

Diese Unsichtbarkeit der Mittel lässt uns glauben, den Dingen so nahe gekommen zu sein, dass wir fast das Ding an sich berühren. Kant unterscheidet das Ding an sich vom Ding für sich. Das Ding für sich steht dabei für die Wirklichkeit, wie wir sie alltäglich erfahren, während das Ding an sich für jene Wirklichkeit steht, die sich all unseren Darstellungen entzieht und außerhalb unserer Kategorien von Raum und Zeit existiert. Aber es ist natürlich ein Trugschluss zu glauben, uns der Wirklichkeit an sich irgendwann einmal annähern zu können, denn alles, was der Mensch sich vorstellt, unterliegt den Bedingungen von Raum und Zeit. Wir können uns höchstens mit Gottfried Wilhelm Leibniz (1646–1716) die Frage stellen: „Warum gibt es überhaupt etwas und nicht vielmehr nichts". Diese Frage muss zwar unbeantwortet bleiben, hat aber Konsequenzen. So ermöglicht sie uns einen Blick auf eine Existenz der Wirklichkeit außerhalb unseres eigenen Vorstellungsvermögens. Dieses Ding an sich ist nicht außerirdisch oder überirdisch, es befindet sich nicht mal außerhalb von uns selbst. Der unumgängliche blinde Fleck unseres Vorstellungsvermögens gilt auch für unser Vorstellungsvermögen selbst: Wir können zwar die Welt schmecken, riechen, spüren und sehen, aber wir können unseren Geschmack nicht schmecken, unser Riechen nicht riechen, unseren Tastsinn nicht ertasten und unseren Blick nicht sehen.

Jede neue technische Errungenschaft lässt uns auf ein Medium hoffen, mit dem wir diesem blinden Fleck zu Leibe rücken können. Sie soll uns nun endlich einen Blick auf jenen Teil der Wirklichkeit ermöglichen, der uns bisher verborgen blieb. Dieser Wunsch entspricht den hohen Erwartungen an die Hirnforschung. In unseren Augen sind die Neurowissenschaftler mit ihren Computertomographen Wahrsager, die in ihren Glaskugeln das Denken hinter dem Denken und das Fühlen hinter dem Gefühl erkunden sollen.

Das spiegelt die Schwierigkeit wider, das Wesen des menschlichen Verlangens überhaupt erfassen zu können. Wir erwarten von einem Mittel, dass es unsere Bedürfnisse und unser Verlangen stillt – und zwar jenes Verlangen, das nichts anderes will als die unmittelbare Vereinigung mit dem Verlangten –, doch auch dieses Mittel wird sich immer zwischen uns und die Welt an sich drängen.

Weil wir ständig auf unseren eigenen blinden Fleck starren, erkennen wir nicht, dass sich jene Welt, die wir erfahren können, durch die bildproduzierenden Mittel inzwischen vollkommen verändert hat.

Am 2. Oktober 2011, anlässlich des sechzigsten Jubiläums des niederländischen Fernsehens, zitierte der Medienhistoriker Henri Beunders in der Zeitung *Trouw* die prophetischen Worte, die der Staatssekretär für Erziehung, Kunst und Wissenschaften Jo Cals 1951 äußerte: „Wir leben in der Zeit eines neuerlichen Sieges über den Geist. Wir leben im mechanischen Zeitalter. Die Revolutionen auf technischem und ökonomischem Gebiet haben zu einem Umschwung auf kulturellem, moralischem und auf ideologischem Gebiet geführt. Das Leben wird stets mehr von der Technik beherrscht, nicht nur während des Arbeitsprozesses, sondern auch in der Freizeit. Wir haben heute Massen-Arbeit und Massen-Freizeit und wir müssen darauf achten, dass die Technik ein Mittel bleibt und nicht zu einem Selbstzweck wird. Das könnte den Tod der Kultur zur Folge haben. Die Regierung ist sich im höchsten Maße bewusst, dass dies in ihren Verantwortungsbereich fällt und hat aus diesem Grund die Konzession in die Hände der Nederlandse Televisie Stichting (Niederländische Fernsehstiftung) gelegt."

Beunders fand diese Worte keineswegs prophetisch. Im Gegenteil, er hielt diese „sorgenvollen und ermahnenden Worte" für die typische Angsthaserei eines Utopisten. Cals habe sich geirrt, die Welt ist nicht am Fernsehen zugrunde gegangen, es gebe sie noch und Fernsehen werde auch noch gemacht. Der Medienhistoriker ist jedoch blind für die Gefahren des Mediums. Er glaubt, dass es eine Wirklichkeit gebe, die unbeeinflusst sei von den Mitteln, mit denen wir diese Wirklichkeit darstellen. Er kritisiert Cals als einen „der Utopisten des letzten Jahrtausends, die nur ein Ziel vor Augen hatten: den besseren Menschen, die bessere Gesellschaft. Doch das Fernsehen hat zu keiner Veränderung beigetragen."

Nietzsche allerdings würde sagen, dass Beunders einer der vielen Denker sei, die das Leben nur aus der Distanz betrachten. Wenn Beunders an die Geschichte des Fernsehens denkt, sieht er nur Bilder vor sich, „die Flutkatastrophe, [...] die Ermordung Kennedys, die Mondlandung, die autofreien Sonntage, den Fall der Mauer, den ersten Golfkrieg". In seinen Augen ist das Fernsehen ein neutrales Dokumentationsmedium, das erkennen lässt, in welchem Maße die Menschheit sich ändert, doch er vergisst, dass kein einziges Mittel den Menschen unbeeinflusst lässt. Er vergisst auch, dass nicht die Erfüllung unserer Verlangen dem Leben einen neuen Sinn verleiht, sondern das Verlangen selbst.

6 WIR SIND UND WIR SIND NICHT

Die Sehnsucht nach der Gemeinschaft

Ich fuhr von Amsterdam nach Zütphen. Irgendwo zwischen Utrecht und Arnhem scrollte ich in der komfortablen ersten Klasse des deutschen ICE, der bis Frankfurt fahren sollte, auf meinem iPhone die Updates von Facebook herunter und fand die Ankündigung eines Klassentreffens. „Klassentreffen der 35+ von Baudartius und Spaan", las ich. „Feiern von 21 Uhr bis 2 Uhr nachts." Baudartius hieß mein Gymnasium in Zütphen, De Spaan war der Name des Cafés, in dem ich gegen Ende der Schule den Großteil meiner Unterrichtsstunden verbrachte. „Schön, ich schaue, ob ich es schaffe", postete ich als Antwort und warf rasch noch einen Blick auf die übrigen Antworten. Ich fand Reaktionen von Altersgenossen aus anderen Schulen von Züthpen und von ehemaligen Schülern anderer Klassenstufen und entdeckte, dass ich die meisten Gesichter dieser digitalen Verbrecherkartei überhaupt nicht erkannte. Vor zwanzig Jahren war es ein Leichtes, sogar jene Klassenkameraden aus dem Auge zu verlieren, die in derselben Stadt studierten, und vor zehn Jahren zeigte ich mich noch überrascht, wenn ein Schulfreund mich mit Hilfe des

Internets ausfindig gemacht hatte. „Mann, wie hast du mich denn gefunden?" Doch heute kann ich mühelos mit allen in Verbindung treten, die ich von früher kannte. Und nicht nur mit diesen, sondern auch mit all jenen, mit denen ich, ohne dass ich es wusste, eine Vergangenheit teile. Eine gemeinsame Vergangenheit, aber eine andere Geschichte.

In Zütphen war ich zum vierzigsten Geburtstag einer ehemaligen Freundin eingeladen, die ich im De Spaan kennengelernt und seit Jahren nicht mehr gesehen hatte.

An manchen Tagen ereignet sich ein Zufall nach dem anderen, und dann wird deutlich, wie wichtig die Rolle der Einbildungskraft beim bloßen *Betrachten* der Welt ist. Sie setzt Zufälle, sie mögen noch so willkürlich sein, immer sofort zueinander in Beziehung. Wer nicht besonders sentimental ist, wehrt sich dagegen, und beharrt darauf, dass ein Zufall nur ein Zufall ist.

Diese nüchternen, verstandesbetonten Menschen vergessen jedoch, wenn die Rechtfertigung durch den Zufall sich nicht aufdrängt, oft, dass die Einbildungskraft fortwährend die unterschiedlichsten Ereignisse in Beziehung zueinander setzt und unser argloser Blick auf die Welt immer auch ein sinngebender ist.

Zum Glück, denn es wäre furchtbar, wenn die Einbildungskraft alles, was uns vor Augen kommt, zuerst dem Verstand zur Auswahl vorlegt, bevor sie Anstalten trifft, dem Wahrgenommenen eine Form zu verleihen. Wenn wir der Welt erkennend gegenüberstehen, dann tun wir das nicht anders, als wenn wir ein Gemälde betrachten oder ein Musikstück hören. Wir sehen eine Form darin. Eine Form schließt eine andere Form aus und erschafft dabei eine Realität, ähnlich wie beim Betrachten der berühmten Zeichnung des amerikanischen Psychologen Joseph Jastrow (1863–1944). Diese Zeichnung kann sowohl als Ente oder Kaninchen gedeutet werden, doch der Betrachter muss sich für eines davon entscheiden. Ohne diesen Willkürakt würde er sich in ständigen Einzelentscheidungen verlieren, bei einem Gemälde zum Beispiel jeden winzigen Farbpartikel erst danach beurteilen, ob er zur möglichen Ordnung einen Beitrag liefert oder nicht, bevor er dann alles zu einem abschließenden Bild zusammenfügt. Die Einbildungskraft verschafft uns einen globalen Überblick, ohne den wir in der chaotischen Welt keinen einzigen Schritt wagen würden.

Während meiner Zugreise setzte der Zufall meinem Verstand ordentlich zu. In den letzten Jahren war ich die Strecke nach Zütphen vom Norden aus, wo ich jetzt wohnte, unzählige Male gereist. Doch diesmal kam ich von Westen, und diese Strecke gehörte einer ganz anderen Zeit an. Hier hatte ich früher gewohnt, hier war ich zur Schule gegangen. Ich legte mein iPhone zur Seite und schaute aus dem Fenster.

Wer die Landschaften seiner Kindheit betrachtet, tut dies aus einem merkwürdigen Interesse heraus. Man hofft, in diesem so gewohnten Bild eine Veränderung zu entdecken. Sie kann noch so klein sein, bestätigt sie dennoch das vertraute Bild und betont die Zeitlichkeit.

Vor dem Zugfenster zog meine ganze Kindheit vorbei. Der Rahmen des Zugfensters konfrontierte mich mit einem achronologischen Bild. Alles befand sich wie in einem Panorama nebeneinander: Die Hügel von Posbank, die ich mit meinem Rennrad runterraste, der Bahnhof von Dieren, wo ich als Teenager nicht den Zug bestieg, sondern heimlich per Anhalter zur Schule fuhr, um mit dem so gewonnenen Geld nachmittags im De Spaan Billard zu spielen, die Baankstraat vor dem Deichvorland, die ich als Fünftklässler mit dem Fahrrad entlangfuhr und dabei vor lauter Gegenwind kaum vorwärtskam.

Ich war irritiert. Meine Einbildungskraft überschüttete mich mit Bildern, die alle gleichzeitig meine Aufmerksamkeit erforderten: die Kindheitserinnerungen in der Landschaft, das Geburtstagsfest, zu dem ich unterwegs war, die digitale Einladung für das Zütphener Klassentreffen ein paar Wochen später. Mein Verstand hatte eine größere Aufgabe zu bewältigen als nur die Entscheidung zwischen Ente und Kaninchen. Und als ich eine halbe Stunde später mit zwei Exfreundinnen in Erinnerungen schwelgte, schien ich einen weiteren Zeitsprung vollzogen zu haben, denn für einen Moment wähnte mich bereits auf dem Klassentreffen, das doch erst ein paar Wochen später stattfinden sollte.

Nach noch mehr Erinnerungen und einigen Gläsern Wein stellte ich einen großen Unterschied zwischen den beiden Exfreundinnen fest: Die eine benutzte ein Smartphone, die andere ein altmodisches Handy. Die mit dem Smartphone fragte mich andauernd, ob ich mich noch an Herman erinnern könne oder an Peter, Helga oder Hans, und jedes Mal, wenn ich mit den Achseln zuckte, wischte sie hektisch mit dem Daumen über den Bildschirm ihres Smartphones, scrollte die Facebookliste ihrer „Freunde" herunter

und zeigte mir ein Foto der vergessenen alten Bekannt-
schaft, meistens inklusive der dazugehörigen neuen Kinder.
Meine Irritation wuchs ins Unermessliche, ich kam mir nun
selber vor wie eine digitale Facebookexistenz; mir war, als
könne man mich einfach anklicken.

Zum Glück zerstreute meine andere Ex diese beun-
ruhigende Phantasie und wir unterhielten uns über die Situation an den Schulen, oder wie man Kinder erziehen sollte,
kurz, unser Gespräch war eine ganz gewöhnliche Konversa-
tion zwischen Eltern mit kleinen Kindern. Nur ein einziges
Mal zog sie ihr altes Nokia aus ihrer Jeans, aber nur, um
einen Anruf zu unterdrücken.

Woraus besteht eigentlich unsere Verbindung zur Welt? Ist
sie materiell geartet? Höchstwahrscheinlich, doch welche
Beschaffenheit hat sie? Ich frage das deshalb, weil unsere
Verbindung mit einer Landschaft von ganz anderer Natur
ist, als das, was wir zum Beispiel während eines Gesprächs
mit einer anderen Person gemeinsam haben.

Doch unterscheidet sich ein Kontakt innerhalb der
sozialen Medien tatsächlich so sehr von einer Verbindung
zwischen uns und der Welt, die, sagen wir mal, durch unser
Gedächtnis geschaffen wird? Auf den ersten Blick ist die
Frage mit ja zu beantworten: Eine Erinnerung findet in unserem Kopf statt, ein Gespräch erfolgt außerhalb davon.

Doch selbst bei der Erinnerung, die sich in unserem
Kopf vollzieht, verlassen wir die Welt nicht, um sozusagen
wie durch ein Fenster auf die vergangene Welt zurückzu-
blicken. Wir verlassen unseren Raum und unsere Zeit nie-

mals, und bei einer präzisen Erinnerung betreten wir vielleicht Zeit und Raum der vergangenen Welt, doch unser momentanes Ich bleibt stets anwesend. Mein erster Kuss hat sich in seinen Tatsachen bis heute nicht verändert, doch erinnere ich mich jetzt ganz anders daran als noch zu meiner Studentenzeit.

Inwiefern aber findet ein Zwiegespräch außerhalb meines Kopfes, außerhalb meines eigenen Solipsismus statt? Wenn man sich dabei vom anderen verstanden fühlt, geht man bedingungslos davon aus, dass dieses Verständnis eine größere Objektivität besitzt als das unsichtbare Band zwischen Gedächtnis und Landschaft. Erst bei einem offensichtlichen Missverständnis geht einem auf, dass es mit der vermeintlichen Objektivität nicht weit her sein kann. Man nimmt Zuflucht zu anderen Wörtern, zu einem anderen Ton, zieht ein anderes Beispiel heran. Doch auch dann bleibt oft die Schwierigkeit, sein Anliegen zu vermitteln. Und man kann nicht mal fragen, ob dies gelungen ist, denn dazu bedarf es wieder der Wörter und der Sprache.

Was also macht unsere Verbindung mit der Welt aus?

Durch die Flut von Erinnerungen und Updates auf dem Bildschirm des Smartphones verlor ich das Vertrauen in die Zuverlässigkeit meines Blicks auf die Welt. Kein Punkt, nicht mal mehr ein Kontrapunkt, an dem ich mich orientieren konnte. Wer gehörte zu mir und wer nicht? Das soziale Medium, mit dessen Hilfe die Exfreundin mich mit anderen Leben zu verbinden versuchte, präsentierte mir die Welt auf dem Bildschirm als ordentliche, übersichtliche Liste. Sie war eine Ordnung, die mir ohne Unterstützung der Einbildungskraft glasklare Bilder lieferte – Fotografien von glücklichen Momenten, mit oder ohne Familie.

Mir wurde mit dem wachsenden Gefühl des Ekels klar, dass nicht ich den Überblick auf meine Welt verloren hatte, sondern dass kein Mensch einen solchen Blick besitzt – weder auf die Vergangenheit noch auf die Zukunft.

Wenn wir auf die Gegenwart blicken, dann stets unter Einfluss des Gedächtnisses. Jeder Mensch besitzt eine eigene Version der Vergangenheit, die ihn mit der gegenwärtigen Welt verbindet, und aus der Perspektive dieser historisierten Gegenwart blicken wir dann wieder zurück auf die verlorene Zeit. Und das geht dann unentwegt so hin und her. Es ist schon merkwürdig, dass wir trotz dieses Droste-Effekts immer noch davon überzeugt sind, einen festen Standpunkt zu besitzen, von dem aus wir uns orientieren und die Welt als geordnete wahrnehmen können.

Nostalgie ist der Schmerz, der vom Verlust der Heimat verursacht wird – das griechische Wort *nóstos* bedeutet Heimkommen und *álgos* steht für Traurigkeit, Schmerz oder Leiden. Jeder trägt sie in seinem Innern, denn das Heim der menschlichen Seele ist nicht aus Stein gebaut. Nicht nur, dass wir uns fortwährend von der Heimat Vergangenheit verabschieden müssen, sondern diese Vergangenheit verändert auch noch ständig ihre Form. Oder mit den dunklen Worten Heraklits gesagt: „Man kann nicht zweimal in denselben Fluss steigen, wir sind es und wir sind nicht." Wer unter Nostalgie leidet, betrachtet irrtümlicherweise die Gegenwart nur aus der Perspektive der Vergangenheit, er verkennt, dass diese Vergangenheit nicht immer die gleiche, sondern fortwährend eine andere ist.

Wir verstehen die Gegenwart gern als einen Nullpunkt auf einer horizontalen Achse, links davon die bekannte Vergangenheit und rechts die ungewisse Zukunft. Oder als Punkt, der sich auf einer Linie von links nach rechts bewegt – in die Richtung, in der wir schreiben. Doch die Gegenwart ist etwas ganz anderes, eher eine Art Emulsion aus zwei unvermischbaren Stoffen, die wir der Einfachheit halber Zukunft und Vergangenheit nennen. Und Emulgator dieses Gemisches ist der Mensch, der mit seinem Erzähltalent das Öl der Vergangenheit und das heranschwappende Wasser der Zukunft zu einer Geschichte vermengt. Doch ein ununterschiedenes Ganzes geht aus diesem Prozess niemals hervor, eine Tatsache, die vielleicht Heraklits düstere Aussage etwas erhellen mag: „Die Grenzen der Seele wirst du nie entdecken, und folgtest du auch allen Straßen der Welt – so tief ist ihr Sinn."

Und dennoch: Wir sind irgendwo, und sind auch irgendwo zu Hause. Und das verdankt der Mensch wohl allein der Einbildungskraft. Sie schafft in der Musik und in den Erzählungen Formen, und vermag es, wie ein Boot dem Strom der Zeit für einen Moment zu folgen. Geschichte (die eigene Erzählung des Vergangenen) und Zukunftsträume sind solche Boote.

Doch ähnlich wie unsere Einbildungskraft nicht nur für die großartigsten Erfindungen, sondern auch für so manchen Wahnsinn verantwortlich ist, können Zukunftsträume zu einer Fortentwicklung der eigenen Persönlichkeit führen, aber auch dafür sorgen, dass man sich in seinen eigenen irrealen Erwartungen verliert. Und dann droht einmal mehr der Verlust der Heimat.

Diesem Schicksal entging ich um ein Haar. Während meines Studiums verwandelte sich meine anfängliche Selbständigkeit immer mehr in Einsamkeit. Ich studierte in Amsterdam, der Stadt meiner Träume, wohnte aber in Utrecht, und nahm jeden Tag den Zug. Zugfahren war zu meinen Studienzeiten noch etwas ganz anderes. Es gab noch keine Handys und Smartphones, und der öffentliche Raum wurde noch nicht in die vielen Parallelwelten der Reisenden zerteilt. Entweder man unterhielt sich oder war in Gedanken versunken, aber alles in einem einzigen sozialen Medium – dem Zug.

In Amsterdam trat ich bei der Stopera aus dem U-Bahn-Tunnel ans Tageslicht, um danach die Gracht in Richtung Fakultät zu überqueren. Und jeden Tag stand dort mitten auf der Brücke dieser Mann mit seiner Gitarre und sang mit rauchiger Stimme Bob-Dylan-Songs. In meiner Utrechter Studentenbude sang ich die gleichen Songs, und deshalb identifizierte ich mich mit diesem täglichen Phänomen. Ich bewunderte den Mann: Er stellte sich in dieser großen Stadt einfach hin und sang vor einem wildfremden Publikum seine Lieder. Und konnte offensichtlich noch davon leben – das war in meinen Augen Freiheit! Ab und zu warf ich eine Münze in seine Mütze.

Doch eines Tages änderte sich das schlagartig: Das alltägliche Ritual, die Stimme, das immergleiche Repertoire gingen mir plötzlich auf die Nerven. Die stille Bewunderung schlug in Verachtung um, erst gegen seine Person, den langen, ungepflegten Bart, die immergleichen Klamotten, und dann auch gegen sein Schicksal, das mir jetzt einsam und unfrei zu sein schien. Sah ich anfangs in seiner Existenz ein Symbol für mein freies, lang ersehntes Studentenleben, so wurde diese jetzt zum Symbol meines monotonen Studentenalltags: immer die Nase in den Büchern, immer allein in den umtriebigen Städten Amsterdam und Utrecht, immer dasselbe Lied. Die großen Erwartungen, die ich an das Studentenleben geknüpft hatte, wurden täglich durch meine Ankunft in der Hauptstadt neu entfacht. Meine Fahrt zur Uni ähnelte einem Orchesterstück: Zunächst setzte mit der Hektik, mit der ich in Utrecht mein Fahrrad bestieg, ein Trommelwirbel ein, der allmählich mit der Ankunft im Utrechter Bahnhof, den Fahrten im vollen Zug und in der noch volleren Amsterdamer U-Bahn stärker anschwoll, bevor er dann beim Verlassen der U-Bahn an der Stopera abrupt abbrach. Es herrschte eine Stille – wie bei einem leisen Zwischenspiel der Oboe – und in dem Moment, als in diese Stille hinein die Blasinstrumente und die Geigen mit dem Thema der historischen Innenstadt einsetzen wollten, fuhr der einsame Kerl mit seinen Gequäke und dem Gitarrengeklimper dazwischen.

Nach Aristoteles (384–322) ist der Mensch ein politisches Tier, ein *zôon politikon*. Bis heute verstehen wir darunter jemand, der sich mit Herz und Seele in die politische Arena mit ihren Konferenzräumen, Parlamentssälen und Fernseh-

und Radiostudios stürzt. Doch Aristoteles versteht jedes sprachbegabte Wesen als Mitglied einer zivilisierten Gemeinschaft, als politisches Tier. Bedroht wird diese Gemeinschaft vom Außenseiter, der „der Gemeinschaft unfähig ist oder ihrer, weil er in sich selbst sein volles Genüge findet, gar nicht bedürftig ist". Im günstigsten Fall ist er ein Gott, aber in den meisten Fällen nur ein Tier, sagt Aristoteles. Der Außenseiter ist der Isolierte, der Einsame, und oft aggressiv.

Das Bild von der positiven Gemeinschaft und vom negativen Außenseiter ist zwar schön, aber für unsere Gesellschaft trifft es kaum noch zu. Heute besitzt der Einsame die Macht. Er tut was er will und schert sich keinen Deut darum, was die Gemeinschaft davon hält. Die Schamlosigkeit, unter der unsere Kultur leidet, ist nicht mehr die Schamlosigkeit in Form des verletzten Schamgefühls, sondern die Schamlosigkeit als Abwesenheit von Scham. Scham zu empfinden ist heute ein Tabu. Wir halten Scham für etwas Schlechtes, weil sie uns angeblich daran hindert, wir selbst zu sein und das zu tun, was wir im Grunde unseres Herzen tun wollen. Diese Pflicht zum authentischen Verlangen ist anspruchsvoll, sie fordert vom Menschen, seinem wahren Ich treu zu sein, ohne zum Außenseiter der Gesellschaft zu werden. Außerdem soll er sich durch Originalität von den anderen hervorheben, das heißt, verdammt gut in etwas sein, und von der Norm abweichen, ohne sich auch noch dafür zu schämen.

Schamhaftigkeit war bisher eine verlässliche Führerin durch allerlei missliche Situationen, denn sie weckt das Mitleid und die Hilfsbereitschaft der anderen. Dieser Kommunikationsprozess ist in einer schamlosen Gesellschaft gestört, wir sind verunsichert, fürchten, jemanden zu brüskieren. Auf diese Weise ziehen wir uns immer mehr aus der Gesellschaft zurück, ohne allerdings, wie Aristoteles es dem Außenseiter zuschreibt, uns „selbst genug" zu sein. Wenn man kein Spiel mehr mitspielen will, weil man zu bescheiden ist, dann verwandelt sich diese Bescheidenheit rasch in eine falsche Bescheidenheit und man wird zum Spielverderber, auch für die anderen.

2007 wurden die Ergebnisse einer soziologischen Langzeitstudie veröffentlicht, die sich der Einsamkeit in den Niederlanden widmete. Demnach klagten dreißig Prozent der erwachsenen Bevölkerung der Niederlande darüber, einsam zu sein, und zehn Prozent hielten sich sogar für sehr einsam. Das macht dreieinhalb Millionen einsame Menschen, und noch mal mehr als eine Million ernste Fälle. Wer eine politische Partei gründen möchte, dem rate ich, die Einsamen näher ins Auge zu fassen.

Doch so einfach ist das nicht. Die Sozialwissenschaftler Theo van Tilburg und Jenny de Jong Gierveld in ihrem Werk *Zicht op eenzaamheid* (Blick auf die Einsamkeit) fanden heraus, dass Einsamkeit ein vollkommen subjektives Phänomen ist. Einsamkeit beruht auf persönlicher Erfahrung und kommt in allen Bereichen der Gesellschaft vor, bei Jungen, Alten, Kranken, Gesunden, Männern, Frauen. Außerdem sei sie nicht am Gesicht der Betroffenen abzulesen, und kaum einer werde so ohne weiteres zugeben, einsam zu sein. Auf der Einsamkeit liegt ein Tabu.

Die niederländische Schauspielerin Georgina Verbaan wollte mit diesem Tabu brechen und bekannte bei der Promotion eines niederländischen Films mit dem Titel *Lotus*, der von der Einsamkeit in der modernen Stadt handelt, in ihrem Leben oft einsam gewesen zu sein. Alle hätten geglaubt, dass es ihr gut gehe, doch dem sei nicht so gewesen. Sie empfinde diese Diskrepanz zwischen der Außenwelt und ihrem inneren Empfinden als sehr schmerzhaft. Auch der Drehbuchautor Philip Delmaar hält die Tabuisierung des Themas Einsamkeit für ein großes Problem unserer Zeit. Denn obwohl wir heutzutage unentwegt miteinander kommunizierten, sei das Problem nicht aus der Welt zu schaffen. Angesichts dessen stellt sich die Frage, ob man dem „subjektive Phänomen" Einsamkeit mithilfe der Kommunikation überhaupt beikommen kann, da stets unklar bleiben wird, wo die Außenwelt beginnt und wo die persönliche Erfahrung endet.

Die Autoren Tilburg und Gierveld machen in ihrem Buch *Zicht op eenzaamheid* ebenfalls einen Bogen um diese sozialwissenschaftlich wichtige Frage, wenn sie definieren: „Einsamkeit ist die Folge der subjektiven Einschätzung einer Situation, in der existierende Beziehungen an den Wünschen oder Normvorstellungen misst, die man in Bezug auf Beziehungen hegt." Ich halte niemanden davon ab, diesen Satz noch ein zweites Mal zu lesen, doch im Grunde ist nichts anderes gemeint als folgendes: Wir sind einsam, weil das Leben unseren Erwartungen nicht entspricht. Was aber sollen wir mit solchen Schlussfolgerungen anfangen, bei denen die *Erfahrung* von Einsamkeit ausgeschlossen bleibt und

Einsamkeit ohne eine Aussicht auf Therapie lediglich diagnostiziert wird? Sollen wir tatsächlich unsere persönlichen Wünsche aufgeben? Die Beziehungsnormen anpassen? Wie wäre es, wenn wir stattdessen öfter Beziehungen zu Menschen aufnehmen würden, die hinter jeglichen Beziehungswünschen und -normen zurückbleiben? Birgit Schuurman, die ebenfalls als Schauspielerin im Film *Lotus* mitwirkte, nimmt sich genau das zu Herzen: „Seit ich in dem Film mitgespielt habe, sehe ich immer mehr einsame Menschen auf der Straße, und ich habe mir vorgenommen, sie in Zukunft öfter anzusprechen."

Für den deutschen Philosophen Jürgen Habermas (*1929) zählen solche sozialwissenschaftlichen Studien zu den pathologischen Nebenwirkungen einer Gesellschaft, in der die alltägliche Lebenswelt zu sehr vom Markt oder dem Wissenschaftssystem bestimmt wird. Er hat keine Probleme mit dem System selbst, es führt in seinen Augen sogar zu großen Errungenschaften, doch die Lebenswelt muss gegen das System beschützt werden, sonst wird es problematisch. Denn in diesem System bestimmen Bürokratie und Ökonomie anonym, wie unsere Welt auszusehen hat, wogegen die Lebenswelt auf einem Austausch von authentischen, nicht-quantifizierbaren Gefühlen und existierenden sozialen Normen beruht. Einerseits ist es durchaus möglich, dass das System den modernen Bürger die eigene Umgebung als unwirtlich empfinden lässt, andererseits führen aber auch die zahlreichen sozialwissenschaftlichen Forschungen dazu, dass durch sie Gefühle und Normen produziert werden, die eigentlich durch die Kommunikation in der Lebenswelt hervorgebracht werden sollten. Die Forschung misst die Temperatur des Patienten und stellt fest, dass er an einer Krankheit leidet.

Aber Einsamkeit ist keine Krankheit, jedenfalls keine heilbare. Sie ist untherapierbar wie der Tod; deshalb müssen wir versuchen, mit ihr zu leben. Einsamkeit ist kein Mangel an Gemeinschaftlichkeit, sie ist der Schatten unseres Verlangens nach Harmonie. Oder, wie Wisława Szymborska es in ihrem Gedicht „Der Augenblick Chwila" aus dem Jahr 2002 formuliert:

Alles an seinem Platz und in manierlicher Eintracht.
Im Tal ein kleiner Bach als kleiner Bach.
Ein Pfad in Gestalt eines Pfades von immer nach immer.
Der Wald scheinbar ein Wald von Ewigkeit zu Ewigkeit, Amen,
und oben die Vögel im Flug in der Rolle fliegender Vögel.

Wir brauchen die Einbildungskraft, um der fortschreitenden Zeit einen Augenblick abtrotzen zu können: „Einer der irdischen Augenblicke, / die man zu verweilen bittet."

Die Gemeinschaft kann die Einsamkeit nie ganz verdrängen, weil diese für die Sehnsucht steht, mit Zeit und Raum eins zu werden. Was nicht bedeutet, dass wir unser einsames Schicksal nicht etwas erträglicher gestalten können. Doch solange wir sie für eine heilbare Krankheit halten, werden wir immer die falschen Medikamente dafür verschreiben.

„Wenn ich mich beim Wort ‚einsam‘ von Emotionen und den gängigen Sozialnormen leiten lasse", schreibt der niederländische Philosoph Cornelis Verhoeven (1928–2001), „höre ich dabei nur bleierne Laute und sehe ausschließlich dunkle Farben vor mir. Der Begriff wird stets im Zusammenhang mit Trauer und Leid gebraucht. Ein einsamer Mensch gilt als abgeschnitten von den nährenden Wurzeln der Gemeinschaft."

Es gehört, so fährt Verhoeven fort, zu den unausgesprochenen Überzeugungen der Gesellschaft, „dass ein einsamer Mensch sich im traurigen Sinne des Wortes auch einsam fühlt und Gemeinsamkeit und Zusammengehörigkeit ersehnt […]. Vermutlich kommt daher die dunkle, fast tragische Klangfarbe des Wortes ‚einsam‘."

Auch Birgit Schuurman lässt sich von normierten Sozialgefühlen leiten, wenn sie sich vornimmt, öfter einsame Menschen anzusprechen. Diese emotionalen Sozialnormen sind Produkte des ökonomisch und wissenschaftlich orientierten Systems und entstammen nicht der Lebenswelt. Deshalb ist solche Barmherzigkeit dann auch zum Scheitern verurteilt. Nicht, weil Schuurmans Vorsätze nicht ehrlich gemeint wären, sondern weil die Lebenswelt der Übermacht des Systems nicht gewachsen ist.

Einsam „ist nicht derjenige, der zufällig für eine Weile numerisch betrachtet allein ist, das heißt, nicht in Gesellschaft von anderen", erklärt Verhoeven, „sondern jemand, der definitiv und prinzipiell mit der Situation übereinstimmt, entweder weil er außerhalb der Gemeinschaft und ihrer Selbstverständlichkeiten steht oder weil er sich über die verschlungenen Wege seiner eigenen Reflexion [...] mit der Tatsache versöhnt hat, dass er unwiderruflich einzigartig und unverwechselbar ist. Das bedeutet, dass jeder, der jemand ist, automatisch einsam ist, wobei er sich mehr oder weniger dessen bewusst ist und sich mit der Tatsache abfindet."

Abscheu und Faszination liegen nah beieinander. Was mich am Straßenmusiker auf der Brücke bei der Stopera so abschreckte, war, dass er sich offensichtlich außerhalb der Gemeinschaft und ihrer selbstverständlichen Geschichte bewegte, gleichzeitig faszinierte mich aber auch, dass er sich mit dem Los des Menschen versöhnt hatte, der niemals wissen kann, ob sein Leben überhaupt etwas mit der Welt außer ihm zu tun hat.

7 NICHTS IST PRAHLERISCHER ALS DIE LUST

Das Verlangen nach dem anderen

IN EINER MEINER FRÜHESTEN Erinnerungen liege ich auf dem Spielplatz des Kindergartens direkt neben dem Sandkasten auf dem Rücken und Nina Smitskamp hockt auf mir. Sie beugt sich über mich, presst die Schenkel fest gegen meinen Brustkorb und drückt mir ihre scharfen Nägel ins zarte Fleisch der Handgelenke. Ich weiß nicht, warum sie mich in diese prekäre Lage gebracht hat, ich weiß aber, dass sie meine Freundin ist. Das wusste ich auch damals schon, ich habe es mir gewiss nicht erst später hinzugedacht. Zwar bin ich mir der Tatsache bewusst, dass das Gedächtnis einen trügen kann, doch was diese Erinnerung betrifft, kann ich die Empfindung des scheuernden Sands auf meinen Wangen nicht von der überraschenden Erkenntnis trennen, dass sie meine Freundin ist. Auf dem Höhepunkt der Erniedrigung (die Erniedrigung fiel vermutlich deshalb so stark aus, *weil* sie meine Freundin war) wurde mir schlagartig klar, dass ich nicht wusste, wie und wann wir Freunde geworden waren. Erst die plötzliche Gewalttat machte mich auf unser Verhältnis aufmerksam, das bis dahin für uns beide selbstverständlich war.

Hier endet meine Erinnerung, doch soviel ich weiß, endete damit nicht unsere Kindergartenliebe. Ich kann mir sogar vorstellen, dass diese durch die Rangelei noch verstärkt wurde. Vermutlich war uns die Liebe von den Müttern eingeredet worden, die der zufälligen Tatsache, dass wir öfter miteinander spielten, einen Namen gaben. Und dieser Name diente, wie der eigene Name, dazu, zahlreiche Widersprüche und Gemeinsamkeiten zu einem Ganzen, zu einer Idee zu vereinen, wodurch sich allerdings die Vorstellung, Nina und ich seien ein Pärchen, geradezu aufdrängte. Auch wenn Streitigkeiten unter Kindern sich so schnell verziehen wie ein Regenschauer an einem warmen Sommertag, so werden in den kurzen Augenblicken der Entfremdung doch die ersten Konturen des Charakters festgelegt. Konflikte, vor allem im frühen Kindesalter, tragen zur Individualisierung bei. Der andere wird ein anderer. Ich hatte am eigenen Leib erfahren, dass „meine" Nina einen eigenen Willen besaß, einen, der sich von meinem unterschied. Die Verbindung, die uns zunächst von unseren Müttern unterstellt worden war, war zu einer Verbindung zwischen zwei eigenen Willen geworden.

Gefühle der Freundschaft und Liebe bekräftigen immer auch die Unterschiede zwischen zwei Menschen. Man kann sich noch so einig sein, in den anderen einfühlen können wir uns erst, wenn wir in ihm den vollkommen anderen erkennen. Und das ist weniger theoretisch, als es klingt.

In der Ehe ist die Missachtung der Unterschiede vielfach Ursache für Streitigkeiten, und das Gefühl des Alltagstrotts nicht selten eine Folge allzu einträchtigen Glücks.

Wenn zwei Köpfe mit denselben Sorgen gefüllt sind, und der nächste einem so nah ist wie man selbst, begehrt der Wille irgendwann auf. Und die Wahrnehmung, im Sumpf des Alltagstrotts gelandet zu sein, ist der Anfang dieses Widerstandes.

Empfindungen von Liebe und Gewohnheit kennzeichnen das menschliche Drama fast so sehr wie sie es kaschieren. Der Trott strapaziert unser Gefühl von Freiheit und Unabhängigkeit, wogegen die Liebe dem unaufhörlichen Wunsch gehorcht, uns zu binden. Doch hinter dem Hin und Her zwischen diesen beiden Zuständen verbirgt sich eine der unangenehmsten Wahrheiten über das menschliche Leben: Wir werden nie der andere sein können. Auch das klingt wieder sehr theoretisch, vor allem, weil wir meist gar nicht der andere sein möchten, jedenfalls nicht ohne unser eigenes Selbst mitzunehmen. Wir mögen gelegentlich den Wunsch haben, das Aussehen, das Glück und das Handeln eines anderen Menschen annehmen zu wollen, doch niemals dessen gesamte Existenz ohne unser momentanes Ich. Es übersteigt unser Vorstellungsvermögen: Das „Ich" kann niemals wollen, „Du" zu sein, denn wie sollte man je feststellen können, dass der Wunsch in Erfüllung gegangen ist? Man selber ist dann ja nicht mehr dabei. Somit kommt die Erfüllung des Wunsches einem Selbstmord gleich.

In seinem Essay „Zielsverhuizing" (Seelenwanderung) hält Rudy Kousbroek „die Unmöglichkeit, jemand anders werden zu können", für „eine der schlimmsten Nachteile der condition humaine". Kousbroek erinnert sich daran, wie es ihm als Kind einmal so vorgekommen sei, als ob er sich im Körper eines anderen Kindes befinde. Es habe nur wenige Sekunden gedauert und sei „eine absolut mystische Erfahrung" gewesen. Er sei kurz eingenickt und dabei sei es ihm so vorgekommen, als betrachte er das Klassenzimmer aus einem anderen Blickwinkel heraus, und zwar, wie er rasch herausfand, vom Platz der Mitschülerin rechts hinten im Raum. Er wisse noch, dass ihn der Gedanke geängstigt habe, obwohl er nie auf die Idee gekommen sei, das Ereignis als übernatürlich zu bezeichnen.

Ich bin froh, dass Kousbroek sich vom Übernatürlichen distanziert, obwohl ich es von ihm nicht anders erwartet hätte. Es gibt zwar vieles, was unsere Wahrnehmungsmöglichkeiten übersteigt, dennoch muss die Lösung des Welträtsels, wie Arthur Schopenhauer es treffend formuliert, aus dem Verständnis der Welt selbst erfolgen. Die menschliche Natur verfügt von sich aus über genügend „übernatürliche" Wesenszüge. Die Möglichkeit, ein anderer sein zu können, muss pure Theorie bleiben, denn die Unmöglichkeit davon erfahren wir am eigenen Leib. Nicht nur auf so kognitiv dissonante Weise wie bei Kousbroek, oder als *fata morgana*, bei der das Unmögliche möglich erscheint, sondern auch, sagen wir mal, als *fata impossibile*, wobei das, was man für möglich gehalten hat, sich plötzlich als unmöglich erweist. Die Frustration, die die Erkenntnis dieser Unmöglichkeit mit sich bringt, ist dennoch so winzig, dass wir sie kaum bemerken oder für unbedeutend halten. So wie an jenem Sonntagnachmittag als ich durch das Küchenfenster blickte und meine Frau und die Kinder beobachtete, wie sie das Herbstlaub im Garten aufsammelten. Sie lachten. Ich stand am Herd und rührte mit dem Schneebesen in der Suppe. Die Kinder hielten zusammen einen langen Laubrechen, während meine Frau fegte: Das Fegen war jedoch reine Nebensache, das Wichtigste war das Lachen: Das Ganze war eine sentimentale Szene.

Plötzlich wurde mir schmerzhaft klar, dass ich niemals ein Teil des Spaßes werden könnte, den die drei hatten. Und ich meine damit nicht die Tatsache, dass ich von ihrem Vergnügen ausgeschlossen war, einen Moment vorher hatten sie mir noch zugewinkt, und ich vermute sogar, dass ich als Publikum ein nicht unwesentliches Element ihres Vergnügens war. Denn auch wenn die Kinder sich eines Tages genau an diesen Moment erinnern würden oder diesen Nachmittag auf den großen Erinnerungshaufen einer sorglosen Kindheit würfen, dann könnten wir alle doch diese Erfahrung niemals wirklich *teilen*. Das Bild dieser einen Erinnerung wäre viermal ein anderes, jeweils aus einem anderen Blickwinkel heraus betrachtet.

Ich erkannte: Näher geht nicht. Wir können dem Leben unserer Lieben noch so nahe kommen, es wird immer ein Fenster dazwischen sein. Jede Sehnsucht nach dem anderen, egal ob aus Wehmut oder aus Lust, konfrontiert uns mit der Unmöglichkeit ihrer Erfüllung. Aus diesem Grunde ist die Erkenntnis, dass der andere tatsächlich ein anderer ist – was Kousbroek durch seine nur einen Augenblick während Seelenwanderung erfuhr –, genauso mirakulös wie die irrige Wahrnehmung, man erlebe die Welt gemeinsam.

Als ich meine Frau zum ersten Mal traf, war ich noch mit Lotte zusammen Es war auf einem Kongress über den deutschen Philosophen Helmuth Plessner. Sie ging in der Empfangshalle des Kongressgebäudes an mir vorüber und ich verfolgte sie mit den Augen, wobei mir ohne promiskuitive Hintergedanken durch den Kopf schoss, dass wenn die Zufälle meines Lebens andere gewesen wären, sie und ich ein Paar hätten sein können.

Das war mehr eine Feststellung als ein Gedankenspiel und außerdem nicht vollkommen aus der Luft gegriffen. Denn erstens waren wir im Vergleich zu den meist älteren Teilnehmern des Kongresses mit Abstand die Jüngsten und zweitens interessierten wir uns für den gleichen, ziemlich unbekannten Philosophen. Diese zwei Tatsachen bestimmten uns an diesem Samstagmorgen in gewissem Sinne füreinander. Doch merkwürdigerweise sah ich, während ich ohne Verlangen ihre Gestalt betrachtete – die dunklen Locken, die auf dem Rot ihrer Wolljacke auf und ab sprangen, die abgewetzten Stiefelspitzen unter den Jeans –, wie mein bisheriges Lebens auf einmal einen anderen Verlauf nahm. Ein Parallelleben, das ich wie durch ein Fenster betrachtete, ein Leben, in dem nicht sie die Fremde war, sondern in dem ich durch sie ein Fremder für mich wurde. Sie war die Verkörperung eines Wegs, den ich niemals begangen hatte und dessen Anfänge weit hinter mir lagen. Meine Seele schien für einen Moment den Körper zu verlassen und Besitz zu ergreifen von einem unsichtbaren Körper jenseits meiner Existenz. Als wäre es tatsächlich möglich, uns in ein körperliches und ein denkendes Wesen zu spalten.

Der Zufall, der einst mich und Lotte zusammengeführt hatte, hatte auch verfügt, dass sich mein Weg und der der Frau vom Kongress bisher *nie* gekreuzt hatten. Bis zu diesem Augenblick einer Zeit, in der Lottes Leben und meines so untrennbar miteinander verbunden waren wie Kaffee und Milch. Es würde nichts nutzen, den Milchkaffee andersherum zu rühren, man würde uns nicht trennen können.

Das dachte ich auch noch, als ich meine Frau kennenlernte und noch nicht in sie verliebt war. Und während ich dies schreibe, wundere ich mich über den immensen Unterschied zwischen der Frau, die ich damals kennengelernt habe, und der Frau, mit der ich jetzt verheiratet bin. Die Gestalt dieses Mädchens will irgendwie den Körper nicht verlassen, an den ich mich erinnere und den ich damals mit ganz anderen Augen betrachtete.

Dem alten Dichter Kousbroek fiel die Seelenwanderung des kleinen Kousbroek übrigens ein, während er in einer Zeitschrift die Geschichte von Nancy und Mickey las. Die beiden amerikanischen Frauen tauschten in den siebziger Jahren probeweise ihre Leben inklusive Mann bzw. Freund, Wohnung und Beruf. Das Experiment misslang zum Teil, denn Mickey weigerte sich zu rauchen, fahrradzufahren oder Tennis zu spielen. Dagegen fühlte sich Nancy in Mickeys „Körper" außerordentlich wohl und spielte ihre Rolle so perfekt, dass Mickeys Freund sie eines Tages fragte, ob sie sich an einen Vorfall erinnern könne, der ein paar Monate vorher stattgefunden hatte.

Nancy (Weber) schrieb über ihre Erfahrungen ein Buch mit dem Titel *The Life Swap*. Selbst wenn sich herausstellen sollte, dass alles von vorn bis hinten erlogen ist, zwingt uns das Experiment dazu, darüber nachzudenken, wie wir Körper wahrnehmen. Sie zeigt, dass ein Körper (*res extensa*) mehr ist als nur unser Leib – er stellt eine Gesamtheit von Erweiterungen dar, zu denen u.a. Beruf, Auto, Haus und sogar die „Körper" der Lieben und Geliebten gehören. Doch das Experiment lenkt unsere Aufmerksamkeit auch auf die Tatsache, dass der Körper niemals für sich selbst existiert, sondern erst durch den Blick eines anderen beseelt wird. Augen, die nicht nur schauen, sondern vor allem auch erschaffen.

Wenn ich mich nicht irre, habe ich mich niemals nur in die Frau verliebt, sondern gleichzeitig auch in den Gedanken, mit ihr verheiratet zu sein. Liebe stand für mich immer im Zeichen von Heirat und Kinder. Jedes Mädchen, das ich kennenlernte, passt ich mit dieser Projektion gewissermaßen meiner Vorstellung an, indem ich ihr in der Geschichte meines Lebens eine bestimmte Rolle zuwies. Und diese Geschichte musste bei jeder neuen Liebe immer wieder neu und anders erdacht werden, weshalb ich die andere Person deutlich nicht nur als Nummer begriff, denn dann würde mir ja die alte Geschichte genügen, sondern als andere Existenz. Das wurde mir vor allem dann klar, wenn ich mich in ein Mädchen verliebte, dass größer war als ich, denn dann hatte ich ungleich größere Mühe, mir eine gemeinsame Zukunft vorzustellen.

Meine Zukunftsphantasie verwandelte nicht nur andere, sondern auch mich selbst. Ich musste ja darin ebenfalls eine passende Hauptfigur abgeben, denn wo eine Mutter ist, ist ein Vater nicht weit. So bekam nicht nur der andere von mir und meinem Blick eine bestimmte Gestalt zugeteilt, sondern auch ich erfuhr einen Gestaltwandel durch den Blick eines anderen, der wiederum unter meiner Blickoberhoheit stand usw.

Meine Einbildungskraft schuf im Laufe der Zeit Gestalten und Verkörperungen vieler zukünftiger Mütter. Und all diese Verkörperungen irren jetzt seelenlos irgendwo umher und werden nur gelegentlich in meiner Erinnerung wieder zum Leben erweckt. Sogar die Verkörperung von Lotte, mit der ich doch so lange zusammen war, hatte sich, wie ich bei unserem letzten Zusammentreffen bemerkte, zusammen mit der Vorstellung aufgelöst, die ich mir einst von unserer Liebe gemacht hatte.

Vermutlich ist es nicht normal, sich von klein auf seine Freundin nur unter dem Aspekt der Verheiratung vorzustellen, doch im Vergleich zu Schopenhauer ist das noch harmlos. Als Darwinist *avant la lettre* sah er im individuellen Verlangen nach Liebe nichts anders als den Ausdruck des Willens, der sich der Arterhaltung verschrieben hat. „Das Individuum handelt hier, ohne es zu wissen, im Auftrage eines Höheren, der Gattung." Und es ist seiner Meinung nach „der aus der Urquelle aller Wesen hervorgehende Drang des künftigen, hier erst möglich gewordenen Individuums, ins Daseyn zu treten, […], was sich in der Erscheinung darstellt als die hohe, Alles außer sich gering achtende Leidenschaft der künftigen Eltern für einander, in der That als ein Wahn ohne Gleichen, vermöge dessen ein solcher Verliebter alle Güter der Welt hingeben würde, für den Beischlaf mit diesem Weibe, – der ihm doch in Wahrheit nicht mehr leistet, als jeder andere."

Schopenhauer führt für diese Theorie einen ziemlich bedenklichen zweckgerichteten Naturalismus ins Feld, wonach die Individuen in ihrem Liebesverlangen blind dem Blick der Art folgen und sich ihr Objekt der Begierde lediglich nach den besten Qualitäten für eine optimale Nachkommenschaft erwählen. „Das schwindelnde Entzücken, welches den Mann beim Anblick eines Weibes von ihm angemessener Schönheit ergreift und ihm die Vereinigung mit ihr als das höchste Gut vorspiegelt, ist eben *der Sinn der Gattung*, welcher den deutlich ausgedrückten Stämpel derselben erkennend, sie mit diesem perpetuiren möchte. [...] Ueber das Lebensglück unzähliger Mädchen hat eine kleine Biegung der Nase, nach unten oder nach oben, entschieden, und mit Recht: denn es gilt den Typus der Gattung."

Hier weicht Schopenhauer kurz von seinem Prinzip ab, dass die Lösung für das Welträtsel innerhalb der Welt zu suchen ist und nicht außerhalb. Denn obwohl er davon überzeugt ist, dass seine „Metaphysik der Geschlechtsliebe" sämtliche „Abstufungen und Nuancen" der Sexualität erfasst, schlüpft er niemals zwischen die Bettlaken. Er starrt unverwandt auf die brennende Begierde der Liebe des Einzelnen und vermeidet den delikaten und schambehafteten Weg der Liebe, bei der zwei dieser Einzelwesen sich vereinigen. Dabei hat die Begierde in erster Linie dieses rätselhafte, profane Phänomen des Liebesspiels im Sinn und nicht „die Gattung". Denn „die Gattung" mag als evolutionäre Kategorie vielleicht der Endzweck unserer schweinischen Rangelei sein, doch in der Realität der materiellen Welt treffen wir die „Gattungen" nirgendwo an. Sie existieren nur in der Welt der Ideen. Zwar sind Ideen nicht minder real, aber hinsichtlich einer „Betrachtung in das Gewühl des Lebens" geben diese nur wenig Aufschluss über das Rätsel des menschlichen Wesens.

Gott sei gelobt und gepriesen, dass die menschliche Gattung das Individuum Darwin erst hervorbrachte, als Schopenhauer schon fast unter der Erde lag. *The Origin of Species* erschien 1859, ein Jahr vor Schopenhauers Tod. Wäre Schopenhauer dem überherrschenden wissenschaftlichen Determinismus verfallen, der noch heute im Schwange ist, hätten wir möglicherweise einen unserer originellsten Denker verloren. Dieser Determinismus, oder besser Reduktionismus, ist eine Variante von Darwins Evolutionslehre, die sich weniger aus dieser Lehre entwickelt hat, als vielmehr eine unglückselige Mutation von ihr darstellt.

Schopenhauer blieb von der Welt, in die er zufällig hineingeboren wurde, selbstverständlich nicht unbeeinflusst. Aus den vielen Verweisungen und Anspielungen auf naturwissenschaftliche Publikationen seiner Zeit wird ersichtlich, dass ihn das wissenschaftliche Denken faszinierte. Es ist einer der Gründe für seinen Determinismus, aus dessen Überzeugung heraus er das ganze menschliche Jammertal vom Willen bestimmt sah. Doch dieser blinde Wille, dessen Ursprung unbekannt ist, verfolgt weder Ziel noch

Zweck, weshalb Schopenhauers Determinismus von ganz anderer Art und weniger naiv ist als der heutige, der davon ausgeht, dass der freie Willen nicht existiert, weil es Hormone gibt oder weil wir unser Gehirn sind.

Und gerade wegen dieses blinden Weltwillens ist Schopenhauers „Metaphysik der Geschlechtsliebe" so faszinierend. Die Mitleidslosigkeit des überindividuellen Willens erlaubt es dem Philosophen, sowohl das Individuum von seiner Analyse auszunehmen als auch eine Realität der Liebe zu beschreiben, die ansonsten selbst in den „sublimsten und ätherischesten Bildern" unerkannt bleiben würde. Von den Dichtern, die allzu romantisch die Liebe zu einer Person besingen, sagt er: „Mögen sie vorläufig erwägen, daß der Gegenstand, welcher sie heute zu Madrigalen und Sonetten begeistert, wenn er 18 Jahre früher geboren wäre, ihnen kaum einen Blick abgewonnen hätte."

„Es gibt nichts Prahlerischeres als die Lust", zitiert Schopenhauer Plato, und sagt dazu: „Daher also findet jeder Verliebte, nach endlicher Vollbringung des großen Werkes, sich angeführt: denn der Wahn ist verschwunden[...]", mit dem eine überindividuelle Kraft zwei fremde Menschen zueinander treibt, *als ob* sie für einander bestimmt wären.

Schopenhauers Analyse zeigt jedoch unbeabsichtigt, dass die Liebe nicht nur im Dienste der Art steht, sondern auch im Dienste des Individuums. In ihrer Lust, wie trügerisch diese auch sein mag, sind die Menschen imstande, für einen Moment zu spüren, wie es sein könnte, ganz und gar einander anzugehören, Dinge im selben Blickwinkel zu betrachten, dasselbe zu fühlen.

„So unerklärlich die ganz besondere und ihm ausschließlich eigenthümliche Individualität eines jeden Menschen ist; so ist es eben auch die ganz besondere und individuelle Leidenschaft zweier Liebenden [...]." Das Begehren ermöglicht es, aus der „eigenthümliche[n] Individualität" unserer eigenen Erfahrung auszubrechen, nicht dadurch, dass man der andere wird, sondern dadurch, dass für die Vereinzelung eigenen Existenz eine Alternative entsteht: die „individuelle Leidenschaft zweier Liebenden". Allein diese erlöst uns vom zufallsbedingten Schicksal, das uns von allen anderen Menschen trennt und zu einem zwangsläufig fragmentierten Leben verurteilt, bevölkert von vereinzelten Individuen.

Die Liebestat bietet kurzfristig einen „Körper", in dem zwei Seelen aufgehen können, als wäre es ihnen tatsächlich möglich, für einen Augenblick die individuierte Welt des eigenen Blickwinkels und der eigenen Zeitlichkeit zu überwinden. Im ekstatischen Erleben beruhigt und betastet man den Körper des anderen nicht länger nur, gewissermaßen als Fortsetzung eines Gesprächs mit anderen Mitteln, sondern bestätigt den temporären „Körper" als Körper. Das gelingt dann, wenn wir meinen, die Lust des anderen spüren zu können, sogar in den Geschlechtsorganen, über die man selbst nicht verfügt.

In dieser Lust scheint das individuelle Verlangen für einen Moment aufgehoben zu sein, weshalb sie sich auch nicht befriedigen lässt wie ein hungriger Magen. Die Befriedigung liegt im Verlangen selbst, in der Idee der Leidenschaft, sie wird nicht von den Werken der Dichter hervorgebracht, sondern durch die mit Lust, Leidenschaft und Sexualakt verbundenen Vorstellungen selbst. Wie bei jeder Illusion, Zauberei, Seelenwanderung oder Musik dauern diese Vorstellungen solange an, wie der Mensch in vollem Ernst mitspielt. Wer genauer darüber nachdenkt, weiß auch, dass die „unendliche Seligkeit" der Liebe niemals ewig dauert und der „unaussprechliche Schmerz" bei dem „Gedanken, dass der Besitz nur vorübergehend ist," niemals durch „den Besitz eines bestimmten Weibes" gestillt werden kann. Nicht der Körper spielt die Hauptrolle, auch nicht die Frau als gleichzeitig denkender und körperlicher Gegenstand, sondern die Auflösung des eigenen, zufälligen Individualschicksals in einem Sein aufzulösen, das sich selbst genügt.

Damit dies gelingt, muss der andere sowohl durch meinen Blick geformt werden, als auch mein Blick durch den Blick des anderen. Diesen magischen Zirkelschluss beherrscht man von klein auf und übt sich darin bei jeder neuerlichen Verliebtheit. Schon beim ersten Ansatz von Sehnsucht und Liebe beginnt der Blick, den Körper des anderen nach dem idealen Liebeskörper umzuformen.

Dass ich nicht mehr weiß, wann die Liebe zwischen Nina Smitskamp und mir endete, liegt vermutlich daran, dass sämtliche meiner Kindheitsliebschaften nahtlos ineinander übergingen. Erst in der Pubertät, die bei mir später einsetzte als bei den meisten Jungs, die ich kannte, war ich für eine Weile ohne Freundin. Mit der platonischen Liebe konnte ich besser umgehen als mit der Liebe, die mehr wollte, als nur zu flirten. Und noch heute ist mir eine Illusion lieber als das, was man gemeinhin die harte Wirklichkeit nennt.

Nicht, dass man für Illusionen keinen Mut bräuchte. Ich erinnere mich noch sehr gut daran, wie ich in der Drogerie am Oranje Nassauplein den Verkaufsständer mit dem Schmuck umkreiste. „Er sucht Ohrringe für den Geburtstag seiner Freundin", erklärte meine Mutter stolz der Verkäuferin. Jetzt drehte sich auch der Mann an der Kasse nach dem kleinen achtjährigen Jungen um, der einem Mädchen ein paar Ohrringe schenken wollte. Während des Geburtstagsfests wurde mir jedoch mulmig. Silvia – ihren Nachnamen habe ich vergessen – hatte schon alle Geschenke ausgepackt, bis auf meins. Ich hatte extra für sie mein Batikhemd angezogen, bemerkte jedoch jetzt zu meinem großen Unbehagen, dass es eine ganz andere Wirkung hatte als von mir beabsichtigt: Nicht nur Silvia, sondern alle, die um den Esstisch herumsaßen, starrten mich an.

Kein Blick ist selbstlos. Immer spielt das Eigeninteresse mit, selbst wenn wir glauben, die Welt objektiv zu betrachten. Wie unmöglich das ist, zeigt sich am deutlichsten in der Liebe. Ein Liebender kann seine Angebetete auf ein noch so hohes Podest stellen, um seinen Komplimenten den Anschein von Objektivität zu verleihen, dennoch entgeht er nicht der Gefahr, dass Schmeicheleien mehr über den Schmeichelnden offenbaren als über das Objekt der Schmeichelei. Auch wenn keiner Orpheus darin widersprechen würde, dass Eurydike schön wie Artemis sei, so besteht doch kein Zweifel daran, dass Orpheus diesen Vergleich im eigenen Interesse zieht. Selbst wer für die Liebe zu sterben bereit ist, tut dies nicht selbstlos.

Mit einem Gefühl des Unbehagens schob ich das Päckchen über das gestärkte Tischtuch auf Silvia zu. Die Mutter stand hinter ihr. Vorsichtig öffnete meine Freundin das Geschenk. Errötend starrte sie auf die dunkelblauen Ohrhänger, bis die Mutter die peinliche Szene mit einem Schrei der Überraschung beendete: „Ach, schau mal, Silvia. Was für ein nettes Geschenk!"

Georg Simmel schrieb über die paradoxe Wirkung des Schmucks, dass der Träger damit sowohl sein Selbstgefühl auf Kosten anderer erhöht als auch sich selbst zu einem Lustobjekt macht, das er dem anderen darbietet – egoistische und altruistische Motive verschlingen sich. „Man schmückt sich für sich und kann das nur, indem man sich für andere schmückt." Doch was genau vor sich geht, wenn man einer anderen Person ein Schmuckstück schenkt, darüber schweigt Simmel sich aus. Was hat ein Geschenk zu bedeuten, das seinen Wert gewissermaßen nur durch das Auge des Schenkenden erhält? „Sie ist sozusagen mehr, wenn sie geschmückt ist." Dadurch, dass ich Silvia diese Ohrringe schenkte, wollte ich sie sozusagen zu einem Lustobjekt für mein Auge machen. Das Geschenk war wie ein Vergrößerungsglas für meine Lust. Natürlich wollte ich ihr mit den Ohrringen eine Freude bereiten, doch mir war durchaus bewusst, dass man durch das Verschenken eines

Schmuckstücks von der beschenkten Person immer auch ein wenig Besitz ergreift.

Am nächsten Morgen ging ich mit flauem Gefühl im Magen zur Schule, doch meine Befürchtungen waren unberechtigt. Silvia trug die Ohrringe, als wäre es die normalste Sache der Welt. Und als sich inmitten des überfüllten Pausenhofs unsere Blicke trafen, lachte sie mir zu. Durch die blauen „Zeichen" an ihren Ohrläppchen, zweifelte ich keinen Moment an der Bedeutung dieses Lachens. Es galt ausschließlich mir. Sie trug mein Geschenk nicht aus Eitelkeit, sondern nur für mich, nicht mal für sich selbst. Beim Spielen ließ ich mich mit Absicht von ihr fangen. Hand in Hand flogen wir über den Schulhof.

Scham wird nur zu leicht mit Tabu in Verbindung gebracht. Als Zeichen der Reue, weil man eine moralische, kulturelle oder gesellschaftliche Grenze überschritten, ein Verbot gebrochen hat. Aber die Scham, die sich im Zusammenhang mit der Liebe zeigt, ist nicht die Folge eines sexuellen Verlangens, sondern dessen entscheidendes Element. Ohne Scham keine sexuelle Lust.

Da sogar die reinste Liebe ein Ausdruck des rohen Willens dessen ist, der liebt, droht sie den anderen zum Lustobjekt zu objektivieren. Schämt man sich für die Liebe, dann schämt man sich für sein eigenes Interesse dabei. Nicht, weil ein Eigeninteresse verwerflich wäre, sondern weil die Befriedigung der Lust nicht so aussehen soll, als gehorche man nur einem ununterdrückbaren Appetit. Obwohl auch das keine Sünde wäre und durch ein moralisches

Gesetz verboten werden sollte, sondern weil die Lust beim Essen ein anderes Verlangen befriedigt.

Scham steht am Anfang eines Spiels, das das Eigeninteresse verhüllen und sublimieren soll. Auch die Poesie, mit der die Liebe besungen wird (wie jene „reinste" Liebe, von der ich eben gesprochen habe), ist Teil dieses Spiels. Alle Scham, egal ob sie sich in Liebesgedichten, in der Gabe eines Blumenstraußes, im verschämten Senken des Blicks oder dem Bedecken der Schamteile ausdrückt, stellt den Versuch dar, den eigenen rohen Willen zu verdecken, denn nur, wer sich von diesem Willen distanziert, der den Willen des anderen ausschließt, kommt der Liebe, die ja aus dem Genuss eines gemeinsamen Willens besteht, nahe.

Birds do it, bees do it, das mag zwar stimmen, aber für den Menschen ist Sex nun mal mehr als nur ein Austausch von Körperflüssigkeiten.

Es ist bedauernswert, dass das Theaterstück der Scham, das der Mensch übrigens besonders gut beherrscht, selbst zum Tabu geworden ist. Es erhält durchweg schlechte Kritiken, man wirft ihm entweder archaische Prüderie vor, oder ist der Ansicht, dass da, wo Scham gezeigt wird, automatisch auch Sünde herrscht. Vor allem die Schöpfungsgeschichte wird dazu missbraucht, mithilfe einer moralischen Interpretation der Vertreibung aus dem Paradies Scham mit Unmoral gleichzusetzen.

Doch solange Adam und Eva keine Scham empfanden, empfanden sie auch keine Lust. Das Leben im Paradies ist nicht das Leben im Schlaraffenland, wo einem die gebratenen Hühner in den Mund fliegen. Im Paradies zeigt die Schöpfungsgeschichte das Leben an sich und nicht betrachtet durch die Perspektive des an Zeit und Raum gebundenen Individuums, das alle Dinge nur im Zusammenhang mit seinem eigenen Willen betrachtet. Es zeigt ein Leben, das über die Möglichkeit unseres Denkens hinausgeht, welches wir uns aber dennoch vorstellen müssen – jedenfalls nach Meinung von Kant und Schopenhauer. Zeit, Raum und Wille beherrschen unsere Welt, niemals aber jene andere.

Das Paradies ist eine Darstellung des ungeteilten Lebens jenseits unseres eingeschränkten Erkenntnisvermögens. Im Garten Eden gibt es keine Scham, weil es keinen Willen gibt.

Wenn Adam und Eva ihrn nackten Körper verdecken, dann tun sie dies nicht, weil sie sich für ihren Körper schämen, sondern weil sie ihren eigenen Willen verstecken wollen. Es gibt eine Interpretation der Schöpfungsgeschichte, die dem Menschen in Aussicht stellt, den paradiesischen Zustand wieder erreichen zu können, wenn er den Anschein erweckt, vom Willen absehen zu können. Die Nacktheit des Körpers ist ein Symbol für den Willen, den der Mensch ja gar nicht wollte. Wenn er also die Nacktheit verdeckt, so ist ihm der Weg zurück ins Paradies offen,

Das sexuelle Verlangen fordert eine Befriedigung ein, die ein einzelner Körper nicht leisten kann, es sei denn, es führt diesen Körper an der Nase herum.

Gerade weil die Scham tabuisiert ist, wird die Liebe oft mit körperlicher Lust gleichgesetzt, wozu besonders pubertierende Teenager neigen. Doch wenn eine ganze Kultur von diesem Gedanken besessen ist, ist dies Anlass zu großer Sorge. Vor allem, wenn eine Gesellschaft dem Körperlichen deshalb den Vorzug vor dem Geistigen gibt, weil sie darin mehr Wahrhaftigkeit vermutet.

Der Sündenfall ist nicht nur Gegenstand der Schöpfungsgeschichte, sondern auch ein Musterbeispiel für die Pubertät. Hier wie dort spielt der weibliche Part die führende Rolle. Eva aß vor Adam vom Baum der Erkenntnis des Guten und des Bösen, wodurch ihr erst aufging, was für „eine Augenlust" er war. Als Adam diese Lust bei Eva gewahrte, wurde es Zeit für den Lendenschurz, für den Unterschied von Mann und Frau und für die Erkenntnis, dass nicht nur die Kinder unter Mühsal geboren werden, sondern dass das Leben überhaupt nur Mühsal und Schweiß im Angesicht ist.

Als meine Schulfreunde, die niemals Zeichen jener Höflichkeit erkennen ließen, die der Liebe zwischen kleinen Kindern eigen ist, auf Schulfesten anfingen, Zungenküsse auszutauschen, als hätten sie in ihrem Leben nie etwas anderes getan, wusste ich, dass die Stunde geschlagen hatte: Meine Liebe musste endlich ihrer Illusionen beraubt werden. So sehr ich das wollte, ich hatte keine Ahnung, wie ich das anstellen sollte. Ich wusste irgendwie, dass der Junge die Initiative ergreifen musste, doch in den Gesichtern all meiner Freundinnen, die ich nach Hause brachte, suchte ich vergeblich nach einem Zeichen des Einverständnisses für diesen Einbruch in ihre Privatsphäre.

Als mich schließlich auf einer Geburtstagsparty eine meiner Freundinnen ohne mit der Wimper zu zucken gegen einen anderen Jungen austauschte und kurze Zeit später mit ihm im Rhododendron ertappt wurde, wusste ich, dass ich etwas grundlegend falsch machte.

Ein Jahr verging. Wenn meine Kumpels über Mädchen sprachen, schwieg ich. Doch dann feierte eines Winters ein Freund seinen Geburtstag mit einer Survivalparty, bei der man in der Natur ausgesetzt wird und sich gemeinsam durchschlagen muss. Das Waldstück, das dafür vorgesehen war, kannte ich wie meine Westentasche. In meiner Gruppe befand sich Vonne Lenferingk, die zwar eine Klasse unter mir war, ihrer körperlichen Entwicklung nach aber durchaus eine Klasse über mir hätte sein können. Wie sie dazu kam, weiß ich nicht, aber ich spürte, dass sie der Ansicht war, in mir einen in Liebesdingen bewanderten Jungen vor sich zu haben. Ich beschloss, sie über diesen Irrtum nicht aufzuklären und suchte in ihrem Gesicht und den Konturen ihrer Lippen nach Hinweisen, was als Nächstes zu tun sei. Wir verloren den Anschluss. Ihre Daunenjacke ließ ihre bereits recht entwickelte Brust darunter nur vermuten und ihr nettes Wangengrübchen war in der Dunkelheit verschwunden. Ob es an der Verhüllung ihrer Reize oder einfach an der Tatsache lag, nicht in sie verliebt zu sein, weiß ich nicht, aber plötzlich verfügte ich über den Mut, sie an mich zu ziehen. Ich wunderte mich darüber, dass mir das alles nicht neu zu sein schien. Unangenehm war es nicht, aber dennoch hatte ich mir die Lust anders vorgestellt. Beim Kuss jagten unsere Zungen durch die Mundhöhlen, als suchten sie vergeblich nach einem verlorenen Schatz. Ich schob ihre Jacke hoch und streichelte den glatten synthetischen Stoff ihres Büstenhalters, schneller als erwartet fand ich den Verschluss und öffnete ihn. Ich presste meine kalten Hände auf das weiche Fleisch und wollte ihr in die Augen blicken, doch im Dunklen sah ich nur die dunklen Höhlen.

Als wir am Treffpunkt in der Scheune ankamen, waren wir nicht die einzigen, die sich allein durch die Natur geschlagen hatten. Den Rest des Abends verbrachten wir auf den Polstern neben der Tanzfläche liegend und schämten uns nicht.

Die Erleichterung in den Tagen danach war zu groß, um darüber enttäuscht zu sein, dass ich bei der ganzen Angelegenheit ein Gefühl vermisste, das ich noch nicht kannte, von dem ich aber ganz sicher wusste, dass es existierte.

8 MIT DER FAUST

Die Sehnsucht nach dem Guten

ICH HABE EINE ANGEBORENE SCHWÄCHE für dunkelhäutige Menschen. Das hat einen ganz einfachen Grund. Mein Vater und meine Mutter stammen beide aus den ehemaligen niederländischen Kolonien in Indonesien. Mein Vater ist Indonesier, meine Mutter die Tochter eines niederländischen Offiziers des KNIL, der Königlich-Niederländisch-Indischen Armee. Zusammen bekamen sie drei ziemlich dunkelhäutige Kinder, und mich, den Blonden in der Familie. Dem Charakter nach komme ich nach meinem Vater, vom Aussehen her ganz und gar nicht. Er brachte mir Judo bei und etwas Pencak Silat, eine indonesische Kampfsportart, für die ich genauso begabt war wie er in seiner Jugend. Dennoch blieb meine Haut hell und mein Haar strohblond. Ich kompensierte das, indem ich die Nähe dunkelhäutiger Menschen suchte.

Mein Cousin ist pechschwarz. Er stammt nicht aus Indonesien, sondern aus Sri Lanka und wurde adoptiert, als ich zwei Jahre alt war. Beide wuchsen wir in Eerbeek auf, wo die hier ansässige Papierindustrie mit den Gastarbeitern Menschen mit dunkler Hautfarbe ins Dorf lockte, so dass deren Anblick mit der Zeit nicht mehr so ungewöhnlich war, was aber die Einwohnerschaft nicht daran hinderte, fleißig weiter zu diskriminieren, so auch meinen Cousin.

Jedes Unrecht muss vergolten werden, und so sprang ich, der hellhäutige Cousin für den dunkelhäutigen immer wieder in die Bresche, selbst wenn seine Hautfarbe nicht der Grund für den Angriff war.

Dass Kinder so oft bereit sind, dem Recht mit der Faust zur Durchsetzung zu verhelfen, gibt zur Vermutung Anlass, dass die Prügelei das wichtigere Element dieses Verhaltens darstellt. Ich glaube nicht, dass ich der einzige bin, der angesichts eines schreienden Unrechts frohlockte. Nicht weil ich mich dann schlagen konnte – so ein Held bin ich nun auch wieder nicht – , sondern weil ich meiner Wut dann mit Worten Luft machen konnte. Auch wenn wir das gerne hätten, diese Neigung beschränkt sich nicht allein auf unsere Kindheit. „Wutbürger sind nicht wütend, weil ihnen Unrecht angetan wurde“, bemerkte Arnon Grunberg einmal treffend, „sondern, weil Wut ihrem Leben einen Sinn verleiht.“

Ich setzte mich also gerne für meinen Cousin ein, wobei ich niemals so mutig war wie mein Freund Pascal. Pascal stammte von den Molukken und ging keiner Schlägerei aus dem Weg. Dass er etwas klein geraten war, kompensierte er mit Schnelligkeit und Kraft. Vor allem aber hatte er keine Angst. Ich habe ihn tüchtig was einstecken sehen, doch das hinderte ihn nicht daran, bei der nächsten Prügelei in der ersten Reihe zu stehen.

Ich war nicht wie Pascal. Bei aller Streitlust, fehlt es mir oft an Mut.

Als Kind hat man eine Heidenangst davor, für einen Feigling gehalten zu werden. Deshalb vergisst man oft, darüber nachzudenken, ob das, wofür einem der Mut fehlt, das Mut-Haben überhaupt wert ist.

Pascal und ich verbrachten fast jeden Mittwochnachmittag zusammen. Und fast an jedem Mittwochnachmittag gab es etwas, wofür ich zu feige war. Als ich mich einmal weigerte, an der Regenrinne unseres Hauses entlang auf das Dach zu klettern, weil ich mir sicher war, dass mein Vater das für keine gute Idee halten würde, fragte er mich, wovor ich denn Angst hätte. Die Antwort auf die Frage, gab er sich gleich selbst: „Du kriegst doch höchstens eine Tracht Prügel. Na und? Das tut zwar einen Augenblick lang weh, aber hinterher spürst du ja nichts mehr davon."

Ich weiß nicht, was mich mehr erschreckte, seine Abgebrühtheit oder sein offensichtlich ziemlich eindimensionales Verhältnis zu seinem Vater. Es war das erste Mal, dass ich meine Angst Angst sein ließ, nicht um das zu tun, was Pascal vorgeschlagen hatte, sondern um es zu unterlassen. Pascals Überredungskünste brachten mich zur Einsicht, dass ich nicht die Tracht Prügel vermeiden wollte, sondern den Streit mit meinem Vater. Nicht aus Angst, sondern aus Liebe.

Dennoch war es eines Tages so weit. Kurz vor den Sommerferien erzählte mein Cousin mir auf dem Schulhof der Grundschule, dass zwei Nachbarjungen ihn gehänselt hätten. Unter einem Vorwand lockten wir die Jungen in einen

Hinterhalt bei meinem Cousin zu Hause. Durch das Judo konnte ich gut einschätzen, dass ich ihnen gewachsen war. Da standen wir uns gegenüber, vier Jungen in kurzen Hosen. Drei helle und ein dunkelhäutiger. Still war es auf dem Hof und heiß.

Der größere der beiden Jungen hatte sich einen Stock als Schwert durch den Gürtel gesteckt. Auf dem Bauch hatte der Stock ein paar Kratzer hinterlassen. Er schien mir nicht sehr schnell zu sein. Den anderen konnte ich ruhigen Gewissens meinem Cousin überlassen. Zunächst hielt ich meinen Gegner mit Reden hin, während ich mir überlegte, wo ich zuerst hinhauen sollte. Ich weiß nicht, ob ich den geeigneten Moment dazu verpasste, ob mich sein nackter Oberkörper irritierte, ob ich die warme Sonne auf der Haut zu sehr genoss oder ob mir plötzlich klar geworden war, dass ich noch nie vorher jemandem einfach so mit der Faust ins Gesicht geschlagen hatte, jedenfalls war mir plötzlich der Gedanke zuwider, die glänzende, auf den Armen von einem Flaum blonder Härchen bedeckte Haut meines Gegenübers zu verletzen.

In meinem kindlichen Übermut hatte ich vergessen, dass auch dieser Junge über einen eigenen, unleugbaren Willen verfügte. So gerne ich ihn zu einem Spielstein meiner simplen Antidiskriminierungsmoral gemacht hätte, während ich ihm so gegenüberstand, wurde mir bewusst, dass ich ihn nicht so ohne Weiteres seiner Menschlichkeit berauben konnte. Der französische Philosoph Emmanuel Levinas (1906–1995) weist darauf hin, dass dieser unreduzierbare Augenblick den Menschen als Menschen charakterisiert, und betont, dass man selbst in einem Herr-Knecht-Verhältnis einen Menschen nicht besitzen kann. „Hinter jeder Beziehung, die wir mit ihm unterhalten könnten, taucht er immer wieder als absoluter auf."

Der Gedanke, dass ein Mensch zu einem Ding degradiert werden kann, ist in unserem Sprachgebrauch Usus. Levinas dagegen ist der Meinung, dass der andere niemals vollkommen zu einem Gegenstand herabgewürdigt werden kann. Wir können ihn noch so schlecht oder unmenschlich behandeln, wir werden stets mit der Freiheit dieses Menschen konfrontiert sein. Wir können ihn in allem beschneiden, doch sein „sich" werden wir ihm niemals nehmen können. Das kann nicht mal ein Henker.

Dieses „Ich" des anderen kann ihm auch nicht stückweise genommen werden, es gilt: Alles oder nichts. Die Freiheit des anderen ist ein Ganzes, und als ein solches Ganzes muss auch der Wille des Menschen erkannt werden. Das hat zur Folge, dass er auch nur als Ganzes verleugnet werden kann, was einem Mord gleichkommt. Wir sind gewissermaßen dazu verurteilt, mit dieser Freiheit des anderen zu leben, denn wir können unsere eigene Freiheit nur aus der Wahrnehmung der Freiheit des anderen erschließen: „Ich bin erst frei", schreibt Levinas, „im Antlitz des Anderen."

Dass uns ein Mord nicht kalt lässt – wie naheliegend das auch klingen mag – erklärt sich aus der Theorie des wechselseitigen Charakters der menschlichen Freiheit. Weil die Freiheit immer von der Freiheit eines anderen abhängt, steht sogar die Empathie im Dienste unserer eigenen Freiheit, was Wasser auf die Mühlen des Pessimisten ist, für den der Mensch ein unverbesserlicher Egoist ist. Doch absoluten Egoismus gibt es nicht, wenn sich der Mensch aus purer Selbstsucht altruistisch verhält. Das ist auch gut so, denn würden wir uns vollkommen uneigennützig für andere einsetzen, würden wir aufhören zu denken. Mit dem Mitleid verhält es sich übrigens ähnlich heikel. Die Geschichte ist voll von Hilfsaktionen und Friedensmissionen, durch die alles nur noch schlimmer wurde.

Es heißt, dass Kinder sich in Phasen entwickeln. Wenn ich mir meine Kinder so ansehe, kann ich das nur bestätigen. Meist kündigt sich eine neue Entwicklungsphase durch Frustrations- und Jährzornanfälle an, als verfügte der Geist vor einer neuen Etappe wie dem Laufen- oder Sprechenkönnen bereits über die neue Technik, die der Körper sich erst noch aneignen muss, wie beim Fahren auf einem Fahrrad, das noch etwas zu groß ist. Doch wie bei der Metamorphose geht bei jedem Entwicklungsschritt auch etwas verloren oder verschwindet in der Vergessenheit. Neue Techniken, neue Fähigkeiten erwecken nicht selten alten Übermut zu neuem Leben.

Die Konfrontation mit dem sommerlichen Leib des Nachbarsjungen hatte mir die Prügellust für eine Weile vergällt, doch mit vierzehn flackerte die Lust daran wieder auf. Mir war bereits bei meinen Kumpel aufgefallen, dass sie sich plötzlich intensiv für Kampfsportarten und Gewaltfilme interessierten. Mit einiger Verspätung trat das Interesse dann auch bei mir auf.

Auf der Nachbarschule gab es einen Schüler, der das Ideal jedes pubertierenden Jungen war: gutaussehend, anständig, klug und Karatechampion. Seinen Namen habe ich vergessen. Er war mit dem hübschesten Mädchen des Hockeyclubs befreundet und angeblich ein Karatekämpfer mit wahrer Moral. Das bedeutete, dass er nur kämpfte, wenn es unumgänglich war. Die miesesten Schläger der Stadt grüßten ihn artig, wenn sie ihm auf der Straße begegneten. In unserer Phantasie, die von den Karatefilmen geprägt war, sahen wir seine Gegner durch die Luft fliegen und reihenweise zu Boden gehen. Tauchte er auf einer Schulparty auf, machten wir uns keine Sorgen mehr, wenn einer an der Tür Stunk machte.

An einem Frühlingsabend, ich besuchte bereits eine der höheren Klassen und schaute mir längst keine Karatefilme mehr an, kam ich von einer Party im Hockeyclub und überquerte den dunklen Parkplatz. Ich suchte mein Fahrrad und sah im schwachen Schein einer Straßenlampe zwei Jungs, die sich unterhielten. An ihrer Körperhaltung konnte ich erkennen, dass der eine ziemlich betrunken, der andere dagegen stocknüchtern war. Der Betrunkene war größer als der andere und hatte sich vorgebeugt, um dem Nüchternen ins Gesicht sehen zu können. Als ich näher kam, erkannte ich im Kleineren den Karatechampion, mit dessen Freundin ich soeben getanzt hatte. Beim betrunkenen Jungen handelte es sich um den schweigsamen Kartenspieler aus der Kneipe, wo ich meine Freistunden verbrachte.

Aufkommender Ärger kündigt sich meist deutlich sichtbar an: die Körper sind verkrampft, die Stimmen überschlagen sich. Eigentlich sah die Situation noch ganz harmlos aus. Doch als ich näher kam, weil ich am Zaun neben ihnen mein Fahrrad entdeckt hatte, hörte ich den Karatechampion in ruhigem Ton sagen, dass er den anderen jetzt wirklich zum letzten Mal warne. Im Nu hatte ich die Situation erfasst: Der Champion war als Türwächter angeheuert worden und hatte den Langen aus dem Festsaal geworfen, weil er betrunken war. Ich grüßte die beiden mit kurzem Nicken und beugte mich über mein Fahrrad, um es aufzuschließen.

„Mann, will doch nur noch'n bisschen tanzen", hörte ich den Langen lallen, wobei er heftig mit dem Kopf nickte. Seine Augen glänzten freudig und am Mundwinkel hatte er eine weiße Spuckekruste. Der Kinnhaken, der unvermittelt folgte, hörte sich überhaupt nicht so an wie in den Karatefilmen, eher wie in der Pizzeria, wenn der Pizzabäcker den Teig bearbeitet. Der lange Junge lag hinter meinem Fahrrad in der Hecke und schnarchte, als läge er dort schon seit Stunden. Entgeistert starrte ich ihn an.

„Hau ab!", zischte mir der Champion zu. Kein guter Text für einen Karatefilmhelden, fand ich. Der Champion teilte wohl meine Meinung, denn er drehte sich abrupt um und ging davon.

Für jeden Hieb, den ein Mensch austeilt, braucht er eine moralische Rechtfertigung. Solange der Champion allein im Licht seiner einfachen Moral handelte (gemäß der Hausordnung: *Betrunkene müssen das Fest verlassen und im Falle der Weigerung dazu genötigt werden*), war es ihm möglich, mit sämtlichen ihm zur Verfügung stehenden Mitteln seinen Auftrag zu erfüllen, doch aus der Perspektive eines Dritten verwandelte sich sein Handeln in sinnlose Gewalt.

Ich schwor der Gewalt erneut ab.

Einige Jahre, bevor wir unsere Kinder bekamen, kauften meine Frau und ich auf *ebay* einen kleinen alten Wohnwagen. Wir mieteten einen Stellplatz auf einem Waldcamping in der Provinz Drenthe und wurden Nachbarn eines älteren, äußerst redseligen Groninger Stadtbürgers, der jedes Jahr die Monate ohne ‚R‘ im Wohnwagencamp verbrachte.

Da wir uns dort erholen wollten, verhielten wir uns zunächst reserviert, doch beim Anlegen der Versorgungsleitungen benötigten wir seine Hilfe und bemerkten rasch, dass sich hinter seiner Sprücheklopferei ein faszinierendes Leben verbarg. In unverfälschtem Groninger Dialekt erzählte er uns nach und nach seine Geschichte.

Mit neunzehn wurde er während des indonesischen Unabhängigkeitskrieges als Wehrpflichtiger ins damals noch so genannte Niederländisch-Indien geschickt. Dort nahm er an einer Militäraktion teil, die als „Politionele Actie" („Polizeiaktion") in die Geschichte einging. Wie die meisten seiner Kameraden war er vollkommen unbedarft in den Krieg gezogen. Doch im Laufe der Zeit habe er, wie er es formulierte, „alles getan, was Gott verboten hat." Wir wollten uns das lieber nicht vorstellen. Was er von den kupferfarbigen Körpern der einheimischen Frauen erzählte, die sich im Fluss badeten, oder von machetenbewaffneten Männern reichte uns vollkommen. Uns war klar, dass dieser hilfsbereite Mann grauenhafte Taten auf dem Gewissen hatte.

Die Veteranen wurden bei ihrer Rückkehr in die Niederlande nicht gerade mit offenen Armen empfangen. Ungefähr fünf Jahre später, wir hatten den Wohnwagen längst wieder verkauft, flatterte eine Trauerkarte in unseren Briefkasten. Die zum Bersten gefüllte Aula des Groninger Krematoriums zeigte, dass unser ehemaliger Nachbar äußerst beliebt gewesen war. Außer Nachbarn, Mitcampern, Freunden, Bekannten und Familienmitgliedern waren auch ehemalige Kameraden aus seinem Bataillon zum Begräbnis gekommen. Ein Oberst hielt eine Rede, der zu entnehmen war, dass der Verstorbene nicht mal den Teufel gefürchtet habe, zahlreichen seiner Kameraden das Leben gerettet hatte und am Ende des Krieges zum Unteroffizier befördert worden war.

Die Formulierung, dass unser ehemaliger Wohnwagennachbar nicht mal dem Teufel gefürchtet habe, jagte uns einen Schauer über den Rücken. Der Oberst hatte danach Mühe weiterzusprechen, und wir sahen, dass sich vor seinem inneren Auge erschreckende Szenen abspielten.

Natürlich standen auch uns Tränen in den Augen, doch während der ganzen Trauerzeremonie gingen mir die Bilder eines Dokumentarfilms aus dem Jahr 1995 nicht aus dem Kopf. In diesem Film mit dem Titel *Tabee Toean* begleitete Thom Verheul einige traumatisierte Veteranen auf ihrer Reise zurück ins ehemalige Niederländisch-Indien.

Es war einer der ersten Dokumentarfilme, die sich dieser verdrängten kollektiven Geschichte der Niederlande und vor allem den berüchtigten Polizeiaktionen widmeten und keinen Zweifel daran ließen, dass die Niederländer dort keine Heiligen gewesen waren. Ich erinnere mich daran, dass ein Veteran auf die Frage, ob er niemals an der Mission gezweifelt habe, wütend entgegnete: „Ich bin doch nicht Poncke!" Womit er sagen wollte, dass er kein Landesverräter sei wie Poncke. Princen Poncke war der Spitzname von Johan Cornelis Princen (1925–2002), dem Soldaten, der während der „politionelen Acties" aus der Königlich-Niederländisch-Indischen-Armee desertierte, um sich den indonesischen Freiheitskämpfern anzuschließen. Für seine Verdienste für die Republik wurde er nach der Unabhängigkeit von Präsident Sukarno mit einem Orden ausgezeichnet.

Princen und unser ehemaliger Wohnwagennachbar waren Helden desselben Krieges, fragwürdige Helden, wenn auch aus unterschiedlichen Gründen. Princen war Freiheitskämpfer für die neue Republik und „Landesverräter" in den Augen der KNIL-Veteranen. Solche Fragwürdigkeiten scheinen eher das Charakteristikum eines Helden zu sein als eine Ausnahme. Ein Held hat selten eine reine Weste, und unser Sommernachbar, der nicht mal den Teufel fürchtete, hatte mit Sicherheit keine.

Der Grat zwischen Schurke und Held ist im Allgemeinen so schmal, dass sich die Frage stellt, was einen wahren Helden ausmacht. Ich glaube, ein wahrer Held ist nur der, der seine eigenen Handlungen nicht nur für mutig hält, sondern weiß, dass sie in den Augen der anderen auch sinnvoll sein müssen.

9 SCHLAUER BUSUK

Das Verlangen nach einem Sinn

IN DEN NIEDERLANDEN schenkt man sich zum Nikolaus Schokolade in Form des Buchstabens, mit dem der Vorname des Beschenkten beginnt. Vor dem Bücherregal meiner Mutter lag zwischen den Stapeln mit neuer niederländischer Literatur meist einer dieser Schokoladenbuchstaben, und manchmal sogar noch der vom vorvorigen Nikolaus, ungeöffnete weiße Schachteln mit einem großen roten T darauf.

An einem regnerischen Mittwochnachmittag lag ich auf unserem grünen Kordsofa und starrte auf das rote T. Ich hatte gerade Stunden damit verbracht, auf Strümpfen übers Parkett zu schlittern und befand mich in jenem traurigen Gemütszustand, in dem die Ekstase reiner Sorglosigkeit nahezu unbemerkt in Langeweile umschlagen kann.

Lust und Apathie haben, obwohl scheinbar so gegensätzlich wie Tag und Nacht, die gleiche Quelle. Die äußerliche Unbewegtheit der Langeweile ist irreführend, im Inneren sind wir sehr aufgewühlt, gefangen in einem *circulus vitiosus*, ohne Aussicht, dem, was wir empfinden, angemessen Ausdruck zu verleihen: Uns fehlt ein Sinn. Und weil diese Langeweile bisweilen nicht minder heftig ist als un-

sere Lebenslust, fällt es uns oft schwer, uns aus der Langeweile zu befreien. Einen gleichgültigen Geist reißt man
leichter aus seiner Gleichgültigkeit als einen gelangweilten
aus seiner Langeweile. Die Langeweile ist die Tautologie unter den Gefühlen. Sie bestätigt sich immer selbst, egal, womit man sie herausfordert.

Woran es liegt, dass wir in der Langeweile manchmal Richtung Apathie abbiegen und manchmal den Weg
eines neuen Sinns einschlagen, weiß ich nicht, mich jedenfalls rettete an diesem Nachmittag das rote T.

Ich setzte mich an den Esstisch zu meiner Mutter,
die gerade Korrekturarbeiten erledigte, und legte so nachlässig wie möglich die Hand an die Thermoskanne mit Tee.

„Mama?" fragte ich. „Darf ich mir was vom T nehmen?" Sie blickte auf, während die Spitze ihres Parkerstifts
noch auf dem Papier ruhte. „Natürlich darfst du dir etwas
Tee nehmen. Warum fragst du?" Ohne meine Antwort abzuwarten, wandte sie sich wieder ihrer Arbeit zu. Ich zog den
Schokoladenbuchstaben hervor, der auf meinem Schoß lag,
öffnete die Verpackung und brach ein Stück von der dunklen Schokolade ab. „Danke!" sagte ich mit Nachdruck. Erst
als ich beim zweiten Bissen mit vollem Mund laut wiederholte, wie wunderbar T schmecken konnte, bemerkte meine
Mutter, dass ich sie tüchtig auf den Arm genommen hatte.
„T", sagte ich schmatzend und deutete überflüssigerweise
auf den roten Buchstaben auf der Verpackung. Zur Belohnung für mein gewitztes Sprachspiel erlaubte sie mir, den
ganzen Buchstaben aufzuessen. Ich hatte ja schließlich auch
zuerst artig gefragt.

„Schlauer Busuk!" lautete die Reaktion meines Vaters, als meine Mutter ihm beim Abendessen die Geschichte erzählte. Das bekam ich von meinem Vater öfter zu hören. Busuk ist malaiisch und bedeutet wörtlich übersetzt „verdorbener Mensch", aber wer in Niederländisch-Indien aufgewachsen ist, weiß, dass es ein Kompliment ist: Ein Busuk ist verschlagen, ohne gemein zu sein, er betrügt raffiniert, doch mit kleinen Folgen.

Ähnlich trickreich gelang es mir, in den Makro-Großhandel zu gelangen, was meinen Vater ebenfalls zum Lobspruch des schlauen Busuk veranlasste. Da pro Zugangspass nur zwei Personen erlaubt waren, nahm mein Vater meinen Bruder mit, und ich sollte draußen warten, was mir gar nicht passte. Ich ging zur Informationstheke und ließ ausrufen, dass ich meinen Papa verloren hätte. Mein Vater war selber schlauer Busuk genug, um den besorgten Vater zu spielen, seinen Ältesten kurz bei den Großpackungen Zahnpasta stehen zu lassen und mich bei der Information mit den Worten in Empfang zu nehmen: „Wo warst du denn?"

Doch nicht nur in Indonesien ist es weit verbreitet, kleine Kinder, vor allem Jungs, für im Grunde ungezogenes Verhalten zu loben. Hierzulande sagt man dazu liebevoll „Statansbraten" oder „kleiner Gangster", wie unsere Haushaltshilfe, wenn sie von unserem Sohn spricht.

Wann aus dem schlauen Busuk bösartige Verschlagenheit wird und aus einem „kleinen Gangster" jemand wie der niederländische Erzkriminelle Willem Holleeder ist eine schwer zu beantwortende, aber interessante Frage – genauso wie die Frage, ob jemand von Anfang an theoretisch böse ist oder es in der Praxis seines Lebens erst wird. Noch faszinierender ist jedoch die Überlegung, was wir erreichen wollen, wenn wir mit Bezeichnungen wie schlauer Busuk, Satansbraten oder Gangster unsere Kinder zu scheinbar harmlosen Übertretungen und Betrügereien ermuntern.

Ist ein kleines bisschen böse vielleicht gut? Ähnlich wie Sokrates in Platos *Politeia* behauptet, dass eine Lüge notwendig ist, um der Wahrheit näher zu kommen? Die Lüge als Arznei, oder: Ohne *Sambal oelek* keine indonesische Reistafel?

„Das Böse, so haben wir gelernt, ist etwas Dämonisches; seine Verkörperung ist der Satan ,der vom Himmel fällt als ein Blitz' (Luk 10:,18), oder Luzifer, der gefallene Engel [...]", erklärt Hannah Arendt (1906–1975), einige Jahre vor ihrem Tod in „Das Denken", dem ersten Band ihres Werks *Leben des Geistes*. Schlechte Menschen, so wird uns gesagt, handeln aus Neid, Schwachheit oder Hass. Ihr dagegen war, während sie als Reporterin im Auftrag des *New Yorker* 1961 den Eichmann-Prozess in Jerusalem verfolgte, aufgefallen, dass bei Eichmann „die Banalität des Bösen" geherrscht habe, „eine offenbare Seichtheit des Täters, die keine Zurückführung des unbestreitbar Bösen seiner Handlungen auf irgenwelche tieferen Wurzeln oder Beweggründe ermöglichte". Der gedankenlose „Buchhalter des Todes", der immer wieder betonte, nur auf ausdrücklichen Befehl von oben gehandelt zu haben, war nicht der Teufel in Menschengestalt, doch weil er es versäumte nachzudenken, geriet er in einen Zustand der Gewohnheit, in dem sich das größte Übel vollziehen kann. „Menschen, die nicht denken, sind wie Schlafwandler."

Arendt will herausfinden, ob es im Denken etwas gibt, was uns vor diesem gefährlichen, gedankenlosen Zustand bewahrt. Gleichzeitig weist sie darauf hin, dass das Denken eine fundamental gefährliche Tätigkeit sei. Es zieht sich zurück, um die Welt aus den Angeln zu heben. „Während ich denke, bin ich nicht, wo ich tatsächlich bin," schreibt Arendt. „Das Denken ist stets außer der Ordnung, es unterbricht die gewöhnlichen Tätigkeiten."

Das abstrakte Denken hat den Vorteil, uns möglicherweise vor einem gedankenlosen Gehorsam gegenüber einem inhumanen System zu bewahren, aber auch den großen Nachteil, wenig mit der konkreten Wirklichkeit zu tun zu haben. Die Frage lautet also, wie ein Mensch es vermag, vom Denken zum Handeln überzugehen – und zwar, wenn irgend möglich, zum guten Handeln. Wie kann der denkende Mensch sich für sein Handeln auch verantwortlich fühlen?

„Glaub mir: Ein paar Mal wirst du glauben, dass du stirbst." Das war die letzte theoretische Lektion, die ich erhielt, bevor ich meine Fahrtüchtigkeit erstmals allein auf die Probe stellte.

Noch in derselben Woche, in der ich meinen Führerschein machte, kaufte ich in Amsterdam mein erstes Auto. Der Freund sprach die warnenden Worte unmittelbar, bevor ich meinen neuen Besitz nach Groningen fuhr. „Ich will dir keine Angst machen", beruhigte er mich, „im Gegenteil, ich sage das nur, damit du dich nicht abschrecken lässt."

Schon bei meinem ersten Überholmanöver auf der Autobahn erfasste ich den tieferen Sinn seiner Worte. Ich hatte vergessen, mich umzusehen, wodurch ich mit meinem Peugeot 205 um ein Haar einen schwarzen Golf gegen die Leitplanke gedrückt hätte. Bis ins Mark erschrocken vom durchdringenden Hupen an meinem linken Ohr schlingerte ich zurück auf die rechte Straßenseite. Während ich zitternd eine Hand zur Entschuldigung hob, jaulte der Golf neben mir auf und im heruntergelassenen Fenster reckte sich mir ein goldbetresster Mittelfinger entgegen.

Noch hundertachtzig Kilometer. Ich war dem Freund äußerst dankbar für seinen Ratschlag, wusste ich doch jetzt, ungeachtet der viele Stunden Fahrpraxis an der Seite des Fahrlehrers, dass Autofahren vor allem reine Theorie ist.

„Wenn du ohne Stützräder fahrradfahren willst, dann musst du zuerst die Stützräder abmachen." Das sagte meine vierjährige Tochter im Sommer, in dem sie das Fahrradfahren lernte. Auch wenn es sich anhört wie eine Tautologie, so drückt sich darin doch ganz klar der unergründliche Sprung aus, der erforderlich ist, wenn man etwas Neues lernen will. Doch nicht nur Kleinkinder werden dazu gezwungen, sich in solchen Zirkelschlüssen zu üben, die sich in oft gehörten Plattitüden äußern wie: „Du musst es irgendwann einfach mal selber machen, um zu wissen, wie es geht."

Dass sich der unergründliche Sprung von der Übung zur Praxis meist unseren Blicken entzieht, ist beunruhigend und ein stetiger Anlass für ständige Reformen im Unterrichtswesen.

149

Keiner kennt die richtige Antwort auf die Frage, wie wir unsere Kinder am besten darauf vorbereiten, eines Tages ohne Stützräder in die Gesellschaft hineinzuradeln.

Wo hört die Theorie auf und wo beginnt die Praxis? Diesen Übergang beim Autofahren zu entdecken ist nicht leicht, denn die Theorieprüfung prüft nicht das theoretische Wissen über das Autofahren, sondern lediglich die Verkehrsregeln, die ja nur einen Teil des Autofahrens ausmachen, wenn auch einen unerlässlichen. Sie sind auch weit wichtiger als meine Schwiegermutter dachte, die nach einigen Fahrstunden vom Autofahren Abschied nahm, und ihren Entschluss mit den weisen Worten begründete, dass sie das Autofahren selbst gar nicht schlimm finde, nur den Verkehr drumherum.

Mein Fahrlehrer war meiner Meinung nach nur hinter meinem Geld her, als er einige Monate, bevor ich meine Fahrprüfung bestand, die östliche Weisheit aussprach: „Theoretisch bist du so weit, nur an der Praxis hapert's noch." Und selbst wenn er tatsächlich nur Fahrstunden schinden wollte, so würde sich Immanuel Kant wohl auf seine Seite stellen: Offensichtlich wird „zwischen Theorie und Praxis noch ein Mittelglied der Verknüpfung und des Übergangs von der einen zur anderen erfordert [...], die Theorie mag auch so vollständig sein, wie sie wolle." Das Glied besteht Kants Ansicht nach aus der Urteilskraft. Eine Art gesunder Menschenverstand, der für jede Praxis unverzichtbar ist. „[...] da für die Urteilskraft nicht immer wiederum Regeln gegeben werden können, wonach sie sich in der Subsumption zu richten habe (weil das ins Unendliche gehen würde), [...]." Praxis ist somit nicht nur die Umsetzung einer Theorie, sondern umgekehrt bildet sich auch die Theorie in gewissem Sinne erst in der Praxis zu ihrer definitiven Form aus. „[...] so kann es Theoretiker geben, die in ihrem Leben nie praktisch werden können, weil es ihnen an Urteilskraft fehlt: z.b. Ärzte oder Rechtsgelehrte, die ihre Schule gut gemacht haben, die aber, wenn sie ein Konsilium zu geben haben, nicht wissen, wie sie sich benehmen sollen."

Ein kurzer Essay von Heinrich von Kleist mit dem Titel „Über die allmähliche Verfertigung der Gedanken beim Reden", wirft ein anderes Licht auf den Übergang von Theorie zur Praxis. Der Rückgriff auf erlangtes Wissen kann nicht erfolgen ohne die dazugehörige Praxis. Das bemerken wir meist dann, wenn wir eine vage Ahnung in einen klaren Gedanken verwandeln wollen, indem wir mit jemanden darüber reden. Plötzlich wissen wir es.

Und aus diesem Grund, schreibt Kleist, gibt es vielleicht „keine schlechtere Gelegenheit, sich von einer vorteilhaften Seite zu zeigen, als grade ein öffentliches Examen." Bei einer Prüfung, die ohne einleitende Worte Antworten verlangt, fehlt es an Kontext, der notwendig ist, um erlangtes theoretisches Wissen lebendig werden zu lassen. In solchen Fällen fangen die Probanden an zu „stocken und nur ein unverständiger Examinator wird daraus schließen dass sie nicht *wissen*. Denn nicht wir *wissen*, es ist allererst ein gewisser *Zustand* unserer, welcher weiß."

Eigentlich müsste bei Fahrstunden genügend Kontext für die Anwendung der Theorie gegeben sein, denn eine praxisorientiertere Ausbildung als Fahrstunden gibt es nicht.

Doch jeder, der zum ersten Mal mit dem Führerschein in der Tasche, aber ohne den Fahrlehrer an seiner Seite unterwegs ist, bemerkt rasch, dass er Kleists „gewissen Zustand" keineswegs erlangt hat. Dieser stellt sich erst in der Realität ein. „Der Franzose sagt", so Kleist, „l'appétit vient en mangeant, und dieser Erfahrungssatz bleibt wahr, wenn man ihn parodiert, und sagt, l'idée vient en parlant." Kleist beschreibt minutiös, wie eine Idee durch das Sprechen Form annimmt. Seine Erklärung ist nicht mal eine Seite lang und benötigt nur eine einzige Illustration – nämlich den Versuch, seiner Schwester etwas zu erklären. Trotzdem habe ich noch bei keinem Philosophen eine treffendere Analyse der menschlichen Urteilskraft gefunden.

Kleist zufolge beginnen wir aus einem vagen Gedanken heraus zu sprechen. Dabei vertrauen wir darauf, dass es in der Welt etwas gibt, was mit dem, welches wir auszudrücken verlangen, in irgendeinem Zusammenhang steht. Während wir reden, prägt das Gemüt die „verworrene Vorstellung" aufgrund „der Notwendigkeit, dem Anfang nun auch ein Ende zu finden", zur „vollständigen Deutlichkeit" aus, womit „die Erkenntnis zu meinem Erstaunen mit der Periode fertig ist."

Dabei unterstützt uns nicht nur die Sprache, deren Struktur, ähnlich wie eine Gussform, dem vagen Gedanken zu einer Form verhilft, sondern auch ein möglicher Einspruch des Gesprächspartners. Kleist denkt jedoch nicht an einen logischen Einwurf, den man, hat man seine Sache wohldurchdacht, stets vorwegnehmen kann, sondern an etwas Körperliches wie „eine Bewegung meiner Schwester, als ob sie mich unterbrechen wollte; denn mein ohnehin schon angestrengtes Gemüt wird durch diesen Versuch von außen, ihm die Rede, in deren Besitz es sich befindet, zu entreißen, nur noch mehr erregt, und in seiner Fähigkeit, wie ein großer General, wenn die Umstände drängen, noch um einen Grad höher gespannt."

Kleist lebhafte Ansichten über den Zusammenhang zwischen Theorie und Praxis liefern auch klare Erkenntnisse über das tiefere Wesen des menschlichen Verlangens. Wir setzen zu oft einfach voraus, dass unsere Bedürfnisse nur für sich und losgelöst von der Welt bestehen. Ein Bedürfnis zwingt uns dazu, nach dem zu suchen, dessen wir glauben zu bedürfen. Unsere Wünsche und Verlangen erscheinen uns oft unklar und zwecklos. Der Klagelaut unseres Dreijährigen: „Papa-ich-weiß-nicht-was-ich-tun-will!" bringt dies auf den Punkt. Wird ein derartiges zweckfreies Verlangen von der Welt nur leicht genährt, wird es entfacht – „l'appétit vient en mangeant" –, man kommt auf den Geschmack, den man plötzlich für den ursprünglichen Sinn und Zweck des Verlangens hält. Dieser Vorgang vermehrt unsere Lust und stattet unser Tun mit noch mehr Sinn und Zweck aus.

Wenn ich an einem Sonntag oder einem Mittwochnachmittag gelangweilt und mürrisch auf dem Sofa lümmelte, schlug mir meine Mutter über ihrer Korrekturarbeit alles Mögliche zur Zerstreuung vor: Spiel mit den Autos, spiel mit den Legos, geh nach draußen, bau eine Hütte, geh schaukeln. Alles vergeblich, alles Theorie. Diese Dinge hätte ich mir auch selbst ausdenken können. Es half nur zweierlei. Entweder meine Mutter rief genervt: „O Coen, halte endlich mal den Mund, ich weiß auch nicht, was du willst!" Oder sie forderte mich zu etwas auf wie: „Schau mal, wie schön das gezeichnet ist!" Das funktionierte, denn wird man aufgefordert, etwas zu beurteilen, muss man von der Theorie in die Praxis wechseln und einen anderen Standpunkt einnehmen. Das führte dazu, dass ich dann oft meiner Lethargie entkam und wieder Lust hatte, irgendetwas zu tun.

Kleists faszinierende Ausführungen lehren, dass weder die Theorie ohne die Praxis noch die Praxis ohne die Theorie möglich ist. Wer Entscheidungen treffen will wie ein „großer General" muss das Wagnis des Scheiterns eingehen. Das kann jedoch nur, wer exklusiv über das Wort verfügt, was in der Praxis, für die man keine Rechenschaft ablegen muss, unmöglich ist.

Heutzutage glaubt man, das Risiko des „Sprungs" zwischen Denken und Handeln minimieren zu können, indem man seine Erfahrungen nur in Begleitung eines Lehrers oder eines Coachs zu machen sich traut oder sich von vornherein präzise klar wird über die möglichen Motive des Handelns. Die Schulreformer dagegen sind überzeugt, den Sprung ins Ungewisse zu umgehen, indem sie die Berufswahl in immer frühere Lebensalter verlegen oder ihn durch die sogenannte kompetenzorientierte Lehrzielbestimmung ersetzen. Dabei handelt es sich um eine Unterrichtsutopie, die Theorie und Praxis in einer Lehrumgebung zusammenfasst und die Arbeit des theoretisierenden Lehrer durch Praxis und Selbstreflexion ergänzt.

Doch meist reflektieren wir unser praktisches Können nicht freiwillig, sondern brauchen dazu einen röhrenden Golf und einen bedrohlich hochgestreckten Mittelfinger. Erst muss man die Stützräder entfernen, dann kann die Theorie sich bewähren.

Die wichtigste Funktion der Schule besteht darin, sowohl ein Symbol für den Sprung ins Ungewisse zu sein als auch den Freiraum zu bieten, der den Sprung ermöglicht. Sobald die Schule (*nota bene* vom griechischen *scholè*, „frei sein von öffentlichen Pflichten") diesen Freiraum nicht mehr gewähren will, wird sie zum Element eines vollkommen willkürlichen ideologischen oder ökonomischen Systems. Und als solches lehrt sie die Kinder weder, Lösungen für noch unbekannte, zukünftige Probleme zu finden, noch wird sie es schaffen, irgendwelche Bedürfnisse zu wecken.

Eigenverantwortung ist unerlässlich bei solch einem Sprung. Das Ungewisse stellt aus der Zukunft große Anforderungen an uns, doch wie diese aussehen sollen, ist für unser theoretisches Denken eine Herausforderung. Wird man gezwungen, ein Urteil zu fällen, stellt man sich dieser. Kleist verspürte zunächst den Wunsch, seiner Schwester etwas sagen zu wollen. Erst danach bildete sich in ihm das Bedürfnis. Auf ähnliche Weise bringt haltloses Geschwätz manchmal die schönsten Gedanken hervor, weshalb man alles Zweckfreie, das allzu leicht als Amüsement, Zerstreuung oder Freizeitbeschäftigung abgetan wird, in einem anderen Licht betrachten sollte: Es dient nicht allein dem Vergnügen, sondern hat auch die nützliche Aufgabe, in uns das Bedürfnis nach einer neuen Erfahrung zu wecken.

Der theoretische Physiker Robert Dijkgraaf, Direktor des angesehenen *Institute for Advanced Study* in Princeton, wurde einmal gefragt, was unbedingt noch erfunden werden sollte. Er verwies auf den Gründer des Instituts, Abraham Flexner, der einst einen Artikel mit dem Thema „Vom Nutzen nutzloser Forschung" geschrieben hatte. Darin habe sich dieser Wissenschaftler von all jenen Menschen distanziert, die nur Fragen stellen, deren Antworten sie schon wissen. Sich dem offenen Ausgang einer Sache zu stellen, sei wahrer Mut.

Obwohl wir uns nie außerhalb der Grenzen von Zeit und Raum bewegen und auch nicht mit einem Sprung in der Zukunft landen können, können wir nach Meinung von Hannah Arendt dieses persönlich verantwortliche Urteilen dennoch üben, und zwar vor allem mit Hilfe der Literatur und der Geschichte. Durch das Studium einer historischen Situation oder eines literarischen Plots lernen wir, dass Geschichte sich nicht notwendig vollziehen muss und zwischen aufeinanderfolgenden Ereignissen keine Kontinuität notwendig ist. Daraus können wir schließen, dass für unser eigenes Handeln genug Freiraum bleibt.

Das hört sich alles ein wenig nach Trockenschwimmen an. Wie üben wir das richtige Handeln, nicht rückblickend von der Zukunft ins Jetzt, sondern für den Augenblick, in dem das richtige Handeln erforderlich ist? Hilft es vielleicht, wenn wir das bisschen Bosheit unserer Kinder achten, und dabei üben, uns von einem System zu lösen, ohne dass dann damit katastrophale Folgen verbunden sind? Um wach zu bleiben im Leben.

10 EIN TRISTER DON JUAN

Das Verlangen zu töten

KURZ VOR WEIHNACHTEN stand ich am späten Abend vor dem Schuppen im Garten und rauchte eine Zigarette. Es war stiller als in den Tagen zuvor. Der nasskalte Wind hatte gedreht, so dass ich jetzt im Windschatten unseres Hauses stand. Nur die schwankenden Silhouetten der Bäume auf der anderen Seite des Boterdiep wiesen darauf hin, dass noch ein heftiger Wind wehte. Gedankenverloren starrte ich ins Dunkel, als plötzlich ein Tier auf mich zuschoss. Ich versteinerte, meine Sinne waren trotz der spukhaften Lähmung zum Zerreißen gespannt.

Sinnlose Panik. Es war die gestreifte Katze der Nachbarin, sie kam fast jeden Abend hier an mir vorbei. Ich reagierte vermutlich deshalb so übertrieben, weil ich am Morgen eine ganz neue Erfahrung gemacht hatte: Ich war als Treiber auf einer Hasenjagd gewesen. Vom Sonnenauf- bis zum Sonnenuntergang stand ich mit fünf anderen Treibern auf Wiesen und Baugrundstücken des Nordgroninger Garreweer und starrte auf die Lehmkruste, um Hasen auszumachen, die sich dort duckten.

Obwohl die braunen Äcker, die sich bis zum Horizont erstreckten, kaum ein Versteck bieten konnten, sprang doch ab und zu unerwartet ein Hase auf, als ob ihn die Erde ausspuckte. Dann stieß der Treiber, der das Tier zuerst erblickte, einen langgezogenen Schrei aus, der in grellem Widerspruch stand zum verhaltenen Anfangsgehoppel des Hasen, welcher zunächst nicht wusste, in welche Richtung er flüchten solle. Hatte er sich jedoch entschieden, dann hopste er entschlossen im Rhythmus unserer klopfenden Herzen direkt auf die Gewehre zu. Auf solchen Ackerflächen lassen sich Entfernungen nur mühsam abschätzen. Das Ende der Aktion war so banal wie es der Anfang gewesen war und deckte sich kaum mit dem Spannungsbogen unseres Verlangens. Wir hatten erwartet, dass der Schuss des Schrotgewehrs unsere Ohren mit derselben raketenhaften Geschwindigkeit erreichen würde, mit der der Hase flüchtete, doch der Schuss kam entweder viel zu spät oder zu früh, zum Beispiel von einem Gewehr, das wir nicht so nah vermutet hatten. Manchmal blieb es sogar vollkommen still, ohne dass wir gewusst hätten, warum.

Die Tochter des Jagdführers erklärte mir, dass Hasen, die sich direkt vor die Jäger setzen, der Hinrichtung entgehen, auch diejenigen, die ins Wasser springen, werden verschont. Das gebiete die Jagdethik, sagte sie mit bedeutungsschwangerem Blick, womit wohl irgendetwas zwischen Moral und Sportsgeist gemeint war.

Sie war zum ersten Mal als Jägerin und nicht als Treiberin dabei, gehörte jetzt also zu den „Gewehren", wie das in der Waidmannssprache heißt. Schon beim zweiten

Treiben schoss sie ihren ersten Hasen. Als ich hinzutrat, um ihn mir anzuschauen, drückte sie mir das offene Gewehr zum Festhalten in die Hand. Es sah aus, als hätte man es übers Knie gebrochen. Auf dem Metall oberhalb des Abzugs war eine zierliche Gravur auffliegender Enten zu sehen.

Bevor es zum nächsten Treiben ging, wurde mir der Hase in die Hände gedrückt. Ich betrachtete den langgestreckten Leib, den ich an den Hinterpfoten vor mich hielt. „Schätzungsweise drei Kilo" sagte einer der Jäger. Das Tier hatte nur einen kleinen Blutfleck im Fell und sah so aus, als stellte es sich nur tot und würde davonstieben, sobald ich es losließe. Im Allgemeinen ist die Ausdruckslosigkeit eines Leichnams kaum zu ertragen, und unser großes Unverständnis gegenüber dem Tod verlangt nach Antworten, die man von einer Leiche niemals erhalten wird. Trotzdem pflegen wir auf tote Körper zu starren, als gäben sie, wenn wir sie nur lange genug ansehen, ihr großes Geheimnis preis.

Die Katze hatte dafür gesorgt, dass das Bild der sechs toten Hasen und der einen Ente wieder vor meinem geistigen Auge auftauchte – das war der Fang, der nach dem Ende der Jagd auf dem Fußboden der Bauernscheune ausgelegt wurde.

Ich sah der Katze hinterher, die sich vom Anblick ihres rauchenden Nachbarn nicht im Mindesten beirren ließ. Mit angelegten Ohren und einem tief über den Asphalt hängenden Schwanz rannte sie in gerader Linie zu den auf der anderen Straßenseite wohnenden Nachbarn hinüber. Ich sah das Tier plötzlich mit ganz anderen Augen. Natürlich weiß ich, dass in jedem Haustier noch das wilde, ungezähmte

Tier haust, das sogar dem treuesten Hund noch den Anschein von Fremdheit verleihen kann, doch mit der Katze
hier verhielt es sich anders. Sie war mir noch fremder als
fremd. Ich erblickte in ihr nicht nur „die Natur", sondern
Fleisch und Blut. Und in diesem wilden Fleisch und Blut erkannte ich so etwas wie eine Seele. Bis zu diesem Augenblick
war mir die Katze vollkommen egal gewesen, doch auf einmal war sie von aller alltäglichen Identität befreit, war nicht
mal mehr die Nachbarskatze, war sogar frei von aller Natur – und schließlich nicht mal mehr eine Katze. Doch selbst
so ganz ohne die Hilfsvorstellungen, mit denen wir die Welt
betrachten, bleibt immer noch etwas übrig. Und diesen Rest
hätte man zu anderen Zeiten wohl Seele genannt, Weltseele,
sichtbar geworden in einer zufälligen Erscheinungsform.

Allard de Vries besuchte zusammen mit mir das Gymnasium, doch wir kannten uns seit Kindertagen. Allard war
der verwöhnte und anstrengende Sohn von reichen Bekannten meiner Eltern. Wir waren fast gleich alt, uns trennten
nur zwei Monate. Es gibt ein Foto, auf dem wir beide nur mit
einer Windel bekleidet in einem Laufstall stehen. Nach dem
Kindergarten hatte ich ihn zunächst aus den Augen verloren, doch seit wir zusammen ins Gymnasium gingen, kam
ich wieder öfter zu ihm nach Hause.

In Allards Zuhause war es wie bei *Dynasty*. Die Familie
besaß Pferde, mehr als drei Autos, ein Flugzeug und ein
Schwimmbad. Der Vater genehmigte sich schon tagsüber einen Whiskey und seine Mutter sah Krystle Carrington zum
Verwechseln ähnlich. Sie hatte dieselbe blonde Föhnfrisur

und dieselbe angenehme, rauchige Stimme, die sie vermutlich dem Konsum zahlloser Zigaretten zu verdanken hatte, was ich damals aber noch nicht wusste. Wenn ich mit meiner Familie *Dynasty* schaute, glaubte ich manchmal sogar Allards Zuhause riechen zu können: ein süßlicher Duft vermischt mit Mandel, Chlor vom Schwimmbad und dem Geruch nasser Jagdhunde.

Eines Nachmittags fuhr Allards Mutter in die Stadt zum Einkaufen. Allard schaute ihr durchs Wohnzimmerfenster nach, schnaubte, nachdem sich die Staubwolke ihres Range Rovers auf der Auffahrt verzogen hatte, kurz durch die Nase, packte mich am Ärmel und zog mich mit zum Waffenschrank unter der Treppe. Er nahm ein Gewehr mit Zielfernrohr heraus. „Ein Punkt 22 Jagdgewehr", erklärte er mir. Damit schoss sein Vater auf großes Wild. „Und jetzt kommt's ... Ich weiß, wo die Kugeln liegen!" Wieder schnaubte er und schubste mich in Richtung des Elternschlafzimmers. Aus dem Dunkel des Kleiderschranks hinter den Nachthemden aus Satin angelte er eine große Schachtel hervor, in der sich viele kleine Schachteln befanden. Aus einer von ihnen schüttelte er eine glänzende Kugel auf seine Handfläche und lachte. Noch nie im Leben hatte ich derart todbringende Objekte aus der Nähe gesehen.

Ich konnte ein bisschen schießen, denn mein Vater besaß eine Schrotflinte. Mit klopfendem Herzen folgte ich Allard auf die Wiese hinter dem Haus. Von dort ging er auf das kleine Birkenwäldchen zu, das bei uns „die Oase" hieß und wo wir als kleine Kinder Hütten gebaut hatten. Von weitem hatten wir eine Menge Singvögel fliegen sehen, doch als wir zwischen den Bäumen standen, war vom ganzen Leben nichts mehr zu sehen. Da standen wir dann im trocknen Gras unter den Bäumen, Allard hatte das schwere Gewehr in der Hand, als wollte er uns damit durch den Morast rudern. Die Zweige der Bäume waren wie leergefegt, nicht mal eine Maus raschelte durchs Laub.

Bei Allard war ich immer aufs Schlimmste gefasst. Vor allem wenn ihm langweilig war, kam er auf die abstrusesten Ideen. Und mit einem geladenen Jagdgewehr zwischen uns fühlte ich mich alles andere als wohl. Er presste den Kolben an die Schulter und schaute durch das Zielfernrohr. Der Lauf war auf ein altes Krähennest gerichtet. Ich kniff im Vorfeld schon mal die Augen zusammen, als könnte ich dadurch die Lautstärke des zu erwartenden Knalls vermindern.

„Ti-ti-tschu, Ti-ti-tschu, Ti-ti-tschu, war plötzlich ganz klar und heiser zu hören. Eine vereinzelte Kohlmeise. Es war ein so typisches Sommergeräusch, dass Allard es nicht mal wahrnahm. Ich tippte ihm sanft auf die Schulter. Ohne seine Schießhaltung aufzugeben, versuchte er mich anzusehen. Schweigend deutete ich auf den kleinen Vogel, der keine zwanzig Meter von uns entfernt in der Krone einer mittelhohen Birke saß.

Während Allard das Tier anvisierte, musste ich an die Kugeln zwischen den Satinhemden denken. Der Knall war nicht mal so laut, ja eigentlich enttäuschend leise. Die Meise war nirgends mehr zu sehen. Ich hatte nicht gesehen, dass irgendetwas zerfetzt wurde, auch flogen keine Federn durch die Luft. Wir rannten zum Baum.

Unsere ganze Aufregung verpuffte. Mindestens eine Viertelstunde lang suchten wir nach den Spuren der Meise, fanden aber weder Lebens- noch Todeszeichen. Alles blieb vollkommen still. Die gefährlichen Kugeln, das schwere Gewehr, das professionelle Zielfernrohr: Ohne ein Opfer besaßen all diese Dinge keinerlei Bedeutung: sinnlose Gewalt.

Lange bevor wir als Kinder eine Ahnung haben, was Tod bedeutet, schießen wir munter drauf los, mit Spielzeugpistolen, Wasserpistolen oder einfach mit dem Zeigefinger. Natürlich würde eine anthropologische Untersuchung unseres Verhältnisses nach Schusswaffen zwangsläufig ergeben, dass sich hinter dem tödlichen Schusswaffengebrauch Gewaltphantasien verbergen – und vielleicht spielt genau diese Gewalt im Spiel kleiner Kinder eine wichtige Rolle.

Die Lust an der Gewalt beschämt uns so sehr, dass wir uns kaum trauen, uns den anderen Gefühlen, die mit dieser Lust einhergehen, zuzuwenden, wodurch uns allerdings eine unschuldigere Neigung entgeht – eine liebevolle Neigung, wenn auch eine mit einem tragischen Ende. Es ist die Neigung, die Amors Pfeil eine tiefere Bedeutung verleiht.

Obwohl der Tod meistens das Ende bedeutet, ist er selten das Endziel der Gewalt. Man möge mir das folgende Beispiel vergeben: So wie wir durchaus gerne jemand anders sein wollen, ohne dass wir uns dabei ganz aufgeben müssen (sonst könnte man den Identitätswechsel ja gar nicht genießen), ist auch der Wunsch, jemanden zu vernichten, ambivalent. Vernichten wir nämlich eine Person, so hegen wir gleichzeitig den Wunsch, dass diese Person nach dem Tod irgendwie weiterexistiert. Nicht weil wir pervers wären, sondern weil wir mit der Vernichtung niemand anderes meinen als das Opfer selbst. Es liegt jedoch auf der Hand, dass das Opfer diese unsere Absicht niemals über den Tod hinaus erfährt, so dass mit der Lust am Töten unvermeidbar eine Enttäuschung verbunden ist.

Tod ist sozusagen, *excusez les,morts'*, das Resultat des unüberlegten Verlangens, jemanden bis ins Herz treffen zu wollen. Ähnlich wie die Fortpflanzung meist die Folge des individuellen Sexualakts ist, selten jedoch dessen Absicht. Der Jäger als trister Don Juan.

Während der Sommerferien in den französischen Cevennen, wo wir an einem kleinen Fluss zelteten, erregte eines Nachmittags ein Stock im Wasser meine Aufmerksamkeit: Er trieb nämlich gegen die Strömung. Ganz in der Nähe watete mein Vater durch den Fluss auf das Ufer zu. Plötzlich sah ich, wie der Stock sich zu bewegen begann. „Eine Schlange, Papa!" rief ich laut und deutete auf das Tier. Mein Vater rannte aus dem Wasser, um im Zelt seine Filmkamera zu holen.

Inzwischen waren alle am kleinen Strand in helle Aufregung geraten. Doch während die übrigen Badegäste die Schlange bewunderten, hob ein größerer Junge einen schweren Stein und schleuderte ihn aus sicherem Abstand auf die Schlange. Eine Geste der Machtlosigkeit, doch deutlich ein Versuch, mit diesem abscheulichen Geschöpf, das unbeirrt weiterschlängelte, in Verbindung zu treten.

In Sándor Márais Roman *Glut* treffen sich die beiden alten Busenfreunde Henrik und Konrád nach einundvierzig Jahren zum ersten Mal wieder. Konrád war einst ganz plötzlich aus Hendriks Leben verschwunden. Während dieses Wiedersehens, es ist ihr allerletztes, rekapituliert Henrik die Jahre vor ihrer Trennung. Die Männer stammten aus vollkommen unterschiedlichen sozialen Verhältnissen, was ihrer Freundschaft jedoch keinen Abbruch tat. Unglücklicherweise jedoch verliebten sie sich in dieselbe Frau. Am Tag von Konráds Verschwinden nehmen die Freunde an einer Jagd teil.

„Ich ging vor dir und blieb stehen, denn weit vorn, auf dreihundert Schritt Entfernung, war ein Hirsch zwischen den Tannen hervorgetreten. [...] Ich sah das Wild und blieb stehen, und auch du sahst es und bliebst zehn Schritte hinter mir stehen. Das sind die Augenblicke, in denen sowohl das Wild als auch der Jäger die Wirklichkeit mit feineren Sinnen erspürt [...]. Ich spürte, wie du dein Gewehr hebst, an die Schulter legst und zielst. [...] Mein Kopf und der Kopf des Hirsches waren genau auf der gleichen Linie [...]. Und so stand ich und wartete auf den Schuß, wartete, dass du abdrückst und ich von einer Kugel aus dem Gewehr meines Freundes getötet würde."

Doch anders als Orpheus blickt Henrik sich nicht um.

„Und in dem Augenblick, da du das Gewehr angelegt hast, um mich zu töten", erklärt er Konrád später,, „war unsere Freundschaft lebendiger als je zuvor [...]." Vermutlich sind sich zwei Menschen niemals näher gekommen als Henrik und Konrád in diesem Tannenwald.

Henrik hatte das leise Klicken des Abzugs gehört und wusste, dass Konráds Finger in diesem Moment über sein Leben entschied. Intimer als das kann nicht mal die innigste Umarmung sein. Henrik ist sich dessen genau bewusst: „Wenn sich das Schicksal unmittelbar an uns wendet, uns gleichsam beim Namen ruft, schimmert am Grund der Beklemmung und der Angst immer auch eine Art von Anziehung, denn man will nicht nur leben, koste es, was es wolle, nein, man will sein Schicksal kennen und ganz auf sich nehmen, um jeden Preis, auch um den Preis der Gefahr und des Sterbens."

Als der Hirsch in den Wald flüchtet, ist der Moment vorbei. Der Schuss bleibt aus. Schweigend setzen sie ihren Weg fort. Henrik schaut sich noch immer nicht um.

„Es gibt ein Schamgefühl, das peinlicher ist als alles andere im Leben, das Schamgefühl des Opfers, wenn es gezwungen ist, seinem Mörder in die Augen zu blicken. Es ist der Moment, da die Kreatur vor dem Schöpfer sich schämt. Deshalb sah ich dir nicht ins Gesicht, […]."

Ein Jäger versucht nicht nur, durch einen Schuss in enge Verbindung mit einem beseelten Wesen zu treten, das er dabei paradoxerweise tötet, sondern er setzt sich überdies dem für die Jagd maßgeblichen Zufall aus. Dies erklärt auch die Pflicht zur Einhaltung der Jagdethik. Nach der Hasenjagd wurde mir klar, dass ein Jäger nie weiß, welcher Hase ihm vor die Flinte läuft, wo dieser plötzlich auftaucht, welche Haken er schlägt oder ob er ihn erlegen kann. Kommt es zum tödlichen Schuss, dann ist an diesem Ort und zu diesem Zeitpunkt nicht nur das Schicksal des Hasen besiegelt, sondern auch das des Jägers. Bei diesem fatalen Zusammentreffen von Jäger und Beute hegt der Jäger so etwas wie Liebe für sein Opfer, eine *amor fati*.

11 WENN DIE GEGENSTÄNDE FESTE FEIERN

Die Sehnsucht nach der Veränderung

ALS STUDENT WOHNTE ICH in Utrecht lange Zeit neben einer Eisenbahnüberführung. Nur nachts war das laute Quietschen von Eisen auf Eisen der in den Bahnhof einrollenden Züge nicht zu hören. Direkt hinter der Überführung befand sich eine große Verkehrskreuzung. Wenn ich aus meinem Fenster schaute, das zur Straße hinausging, konnte ich gerade noch die Ampeln sehen. Jede Nacht, bevor ich zu Bett ging, betrachtete ich für einen Moment die blinkenden orangefarbenen Lichter der verlassenen Kreuzung. Im Dunkeln scheinen leblose Dinge gelegentlich eine Seele zu besitzen. Mir kam es oft vor, als ertappte ich die Ampeln dabei, nachts fröhlicher zu leuchten als am Tage, wenn sie in einem vorgegebenen Rhythmus den chaotischen Verkehr dazu brachten, sich in Bewegung zu setzen oder stehen zu bleiben. Ohne den Lärm und Umtriebigkeit des Tages fand nachts, wie ich hinter meinen Gardinen feststellen konnte, auf der Kreuzung ein heimliches Fest statt.

Was aber würden die Dinge feiern, wenn sie tatsächlich eine Seele hätten? Wahrscheinlich dasselbe wie wir.

Doch welche Anlässe feiern wir? Wie feiern Wiederholungen: Den Frühlingsanfang, das Jahresende, die Geburt eines Kindes und schließlich immer wieder unsere Toten. Wie festlich kann man ein Leben hinter sich bringen, bei dem alles, was entsteht, auch wieder vergeht? Alle Mühe scheint vergeblich, mit der wie versuchen, Bedeutung zu erlangen in einer Welt, die wir, kaum haben wir das Angestrebte erreicht – meistens geschieht es vorher –, wieder verlassen müssen. Nicht umsonst feiern viele ihren Geburtstag nicht, je öfter, je älter sie sind, und das nicht nur, weil wir dem Tod stets näher kommen, sondern weil wir in dessen Vorschein erkennen, wie wenig wir im Leben ausrichten können. Das Ganze führt zu nichts. Wir engagieren uns anfangs voller Hoffnung und verfallen dann in ständige Wiederholung. Trotzdem scheint der Mensch eine Wahl zu haben. Oder mit den Worten Barack Obamas aus seiner Antrittsrede als Präsident der Vereinigten Staaten: *„Do we participate in a politics of cynicism, or do we participate in a politics of hope?"*

Jeder mit Schlafproblemen weiß, dass die Nacht zwei Seiten hat. Eine helle und eine dunkle, wie die Erde. Immer ist eine Hälfte in Dunkelheit gehüllt. Bedrohlich erscheint uns die Nacht aufgrund der Beeinträchtigung unserer Sehkraft im Dunkeln, während die scheinbar nächtliche Zeitlosigkeit in uns das Gefühl einer lichten Unbeschwertheit erregt. Darin besteht wohl der größte Unterschied zwischen Tag und Nacht: nicht im Licht, sondern in der Zeit. Die Nacht, mit den stillen Straßen voller geparkter Autos, den ausgeschalteten Ampelanlagen und den dunklen Fenstern in den Häuserfassaden, verfügt über alle Zeit der Welt. Auch ist sie nicht, wie der Tag, dreigeteilt. In der Nacht ist es einfach nur Nacht, bis der Tag die Zeit aus dem Schlummer weckt und diese wieder anfängt zu ticken. Selbst wenn wir durch ein Fest oder einen Rausch gelegentlich versuchen, die Endlosigkeit etwas auszudehnen, entgeht uns die wahre Natur der Ewigkeit, die die Stille der Nacht in sich trägt. Wir meinen, die Nacht sei still, weil es an Geräuschen mangelt, und wir meinen, sie sei dunkel, weil das Licht fehlt. Doch dabei verhält es sich gerade umgekehrt. Zu dieser Erkenntnis kam ich allerdings nur durch einen Zufall.

Kurz nachdem ich nach Utrecht gezogen war, fuhr ich nachts mit dem Fahrrad von einem Fest nach Hause. Ohne es zu bemerken kam ich vom Weg ab. Ich glaubte, in die Oudegracht eingebogen zu sein, eine belebte Gracht mit Kneipen und direkt am Kanal gelegenen Restaurants, fand mich aber plötzlich in einer verlassenen Straße mit dunklen Grachtenufern wieder. Von Kneipengelächter keine Spur, und das einzige Geräusch, das ich vernahm, war das Surren meines Achters im Hinterreifen. Ich weiß nicht, wie lange es dauerte, bis ich mich nicht mehr in einer Parallelwelt wähnte. Einer Welt, in der alles auf die Ankunft des Menschen vorbereitet war, dessen Entstehung jedoch ein Zufall verhindert hatte. Dadurch, dass ich im Universum mit meinem 15-Gulden-Fahrrad falsch abgebogen war, war ich geradewegs in eine solche unbelebte Welt hineingeradelt. Erst angesichts der blinkenden Ampeln vor dem Centraal Museum, wusste ich, dass mich das Utrecht von 1991 wieder hatte. Zu Hause entdeckte ich auf dem Stadtplan, dass parallel zur Oudegracht eine weitere Gracht verlief, die Nieuwegracht. Mein Unwissen über deren Existenz und wohl auch mein etwas erhöhter Alkoholspiegel waren dafür verantwortlich, dass ich mich für eine Weile in eine menschenlosen Welt versetzt glaubte, deren Bild sich in meiner Phantasie festsetzte. Mit etwas Zynismus könnte man das als Nachwirkungen einer leichten Psychose bezeichnen, doch ohne dieses Ereignis hätte ich nie das wahre Wesen der Nacht entdeckt, hätte ich nie einen flüchtigen Blick in die Werkstatt der Schöpfung geworfen.

Diese Wahrnehmung einer Welt ohne Menschen zähle ich zu meinen schönsten Erfahrungen. Gleichzeitig ist sie einer der belanglosesten. Mir war dabei zumute, als betrachtete ich ein Gemälde oder lauschte einem Musikstück. Man wird ergriffen von einem durchdringenden, angenehmen, aber vollkommen nutzlosen Gefühl, das durchaus mit Immanuel Kants Theorie von der ästhetischen Erfahrung als interesselosem Wohlgefallen zu vergleichen ist. Was aber hatte ich davon, die Welt als Schöpfung ohne Beteiligung des Menschen erfahren zu haben? Nichts, wie ich fand, denn wir Menschen leben nun einmal nicht in einer menschenlosen Welt. Es war das Bild, das die Erfahrung für mich so wichtig machte, und die kuriose Schönheit des Gedankens. Das erklärt, warum ich oft daran zurückdachte, wenn ich Musik hörte oder ein Gemälde betrachtete. Der Gedanke gehörte deutlich in den Bereich der Kunst.

Neulich aber lenkte ausgerechnet die Kunst meine Gedanken in andere Bahnen. Schon seit einer Weile verfolgte ich das Werk der zeitgenössischen Künstlerin Isabella

Werkhoven (1969). Bei ihren Werken machte ich am Anfang die gleiche Erfahrung wie bei den Arbeiten anderer Künstler: Ihre Bilder faszinierten mich, ohne dass ich den Grund dafür nennen konnte. Werkhoven stellt meist ganz alltägliche Szenen und Gegenstände dar, und zwar auf eine realistische, manchmal sogar hyperrealistische Weise: ein Schwimmbad, einen Tennisplatz, einen Platz, eine Grünanlage, einen Wald, eine Bushaltestelle. Alles menschliche Orte, die sich jedoch durch eine fast vollkommene Abwesenheit menschlicher Aktivität auszeichnen. Dadurch öffnete Werkhoven mir die Augen für die Erkenntnis, dass es nicht nur nachts eine menschenleere Welt gibt, sondern auch tagsüber. Ihr Werk befreite meine merkwürdige nächtliche Erfahrung aus ihrer Gebundenheit an die Finsternis, und seither wiederhole ich sie ohne Nacht und ohne Kunst. Werkhoven zeigt etwas von der Welt, das wir normalerweise nicht wahrnehmen können, weil es für uns nahezu unmöglich ist, die Welt aus der nichtmenschlichen Perspektive zu betrachten. Bei Werkhoven aber sehen wir eine entmenschlichte, aber keine unmenschliche Welt. Im Gegenteil, ihre Bilder strotzen vor Hoffnung.

Immer stärker festigte sich dadurch in mir die Vorstellung, dass es eine besondere menschliche Gabe gibt, die es erlaubt, so verrückt das klingen mag, sich für einen Moment vom anthropomorphen Blick des Menschen zu befreien. Und das meine ich nicht im biologischen Sinne, wobei man erkennt, dass der Mensch nur ein Tier unter Tieren oder ein Zufall der Evolution ist. Dies ist bloße Theorie, wogegen man bei der erwähnten Gabe das Leben tatsächlich als menschenloses erfährt. Das ist kein herzloses, kaltes Dasein, sondern eines, in dem das Handeln des Menschen nicht die geringste Rolle spielt. Wer die nichtmenschliche Perspektive beherrscht, besitzt eine Gabe, die keineswegs so unverbindlich ist, wie es auf dem ersten Blick erscheint. Sie ist kein belangloses, intellektuelles oder ästhetisches Spiel, sondern ein Vermögen, über das vor allem moralische Wesen verfügen. Ich bin überzeugt, dass diesem seltsamen, entmenschlichten Blick der nicht minder seltsame menschliche Hang zur Hoffnung entspringt.

Keine andere Neigung des Menschen wird öfter missbraucht als diese. Außerdem wird hoffnungsloser Unsinn über die Hoffnung verbreitet. Es ist einfach, die Hoffnung als eine Gemütsverirrung darzustellen, denn im Licht der Endlichkeit oder der Ewigkeit (es hängt tatsächlich von der Perspektive ab) erweist sie sich immer als falsch: Was ist die Hoffnung noch wert, wenn ich tot oder in einem aussichtslosen Leben gefangen bin? Ein solcher Zynismus verwandelt die Hoffnung in eine elegante Ausprägung der Hoffnungslosigkeit.

Und doch gibt es die Hoffnung. Man braucht sich nur unser Verhalten beim Wechsel der Jahreszeiten zu betrachten. Am Frühling erfreut uns nicht das Gezwitscher der Vögel, sondern dessen *Wiederkehr*. Und genauso ergeht es uns, wenn sich die erste kalte Nacht des Winters ankündigt und wir uns überlegen, ob wir den Kaminofen anfeuern sollen. Für die Jahreszeiten gilt dasselbe wie für alle anderen Festivitäten: Wir genießen die Wiederholung, sie ist nicht langweilig und monoton, sondern ein Zeichen der Hoffnung.

Durch die stete Wiederkehr der immergleichen Situationen vergleichen wir diese miteinander und stellen Übereinstimmungen oder unvermeidbare Unterschiede fest – Variationen über ein- und dasselbe Thema. Schon die Tatsache, dass wir ein Jahr älter sind, macht aus jedem Geburtstagsfest ein anderes. Und dieser Umstand ist auch dafür verantwortlich, dass Sommer, Herbst, Winter und Frühling, obwohl sie jedes Jahr wiederkehren, in uns nicht das Gefühl einer tödlichen Langeweile erregen, sondern uns in der Erfahrung stärken, einfach nur zu leben. Schon im Moment, in dem man schmeckt, riecht und sieht, was man schon so oft geschmeckt, gerochen und gesehen hat, und zwar ungefähr zur selben Zeit des Jahres, erkennt man die Unterschiede zum Vorjahr. Die Zeit fungiert als Sieb: In der Wiederholung wird das unsichtbar Unveränderliche sichtbar. Die Wiederholung offenbart, dass etwas ist und nicht vielmehr nichts.

Hoffnung sollten wir nicht zu wörtlich nehmen, sie ist weder ein tauglicher Vorsatz noch Wunschtraum oder Utopie. Dennoch knüpfen wir an Obamas Worte unwillkürlich eine Hoffnung, ein Paradox, das Zukunftsträumen nun mal eigen ist. Kaum hat man einem Zukunftstraum Ausdruck gegeben, ist er bereits Vergangenheit. Obamas Hoffnung ist die Messlatte, an der von da an er selbst und der gesamte Weltfrieden gemessen werden. Diese zynische Auffassung von Hoffnung verwandelt jede positive Entwicklung in eine Desillusion. Dabei hatte Obama gar nicht die Ewigkeit im Sinn, sondern die Gegenwart, nicht die zukünftige Hoffnung auf ein besseres Leben, sondern die Hoffnung auf das Leben selbst, eine Hoffnung ohne sakrale Erlösung und ohne profane Utopie. Keine Hoffnung also, die auf eine zukünftige Realisierung zielt, denn für eine solche Hoffnung pflegen wir uns gegenseitig die Köpfe einzuschlagen. Die Hoffnung, die ich meine, ist die ewige Hoffnung. Sie existiert schon so lange wie die Welt und bewahrheitet sich in dem Moment, in dem man sie hegt. Aus diesem Grund stirbt die Hoffnung immer zuletzt. Nicht weil der, der hofft, naiv wäre, sondern weil Hoffnung Leben verleiht.

Das Echo dieser Art Hoffnung ist deutlich in Bachs Goldberg-Variationen zu hören, die Glenn Gould 1981 nächtens in den New Yorker Columbia Studios aufnahm. Im Gegensatz zu der bereits wunderschönen Einspielung des Werks aus dem Jahre 1955, bei der noch zu viel von der menschlichen Hoffnung aufleuchtet, ist die Aufnahme sechsundzwanzig Jahre später frei von allen Wünschen und Sehnsüchten. Vielleicht weil man mit neunundvierzig Jahren nicht mehr die Illusion hat, das eigene Schicksal bestimmen zu können, vielleicht aber auch, weil Glenn Gould zu dieser Zeit fast nur noch nachts Klavier spielte.

Übrig bleibt aber nicht die pure Desillusion, sondern die liebevolle Akzeptanz des Lebens, so wie wir es in den Schoß geworfen bekommen.

Nach Goulds frühem Tod, ungefähr ein Jahr nach den Aufnahmen, blieb von ihm ein leerer Stuhl. Es ist der Stuhl, auf dem er seine ganze Karriere vor dem Flügel saß und der erst nach langem Herumprobieren die richtige Höhe für Goulds außergewöhnliche Spielhaltung besaß. Man würde ihn keines Blickes würdigen, wenn er nachts am Straßenrand beim Sperrmüll stünde. Die Sitzfläche war

vollkommen ramponiert, doch auf ihr hatte sich eine Seele
niedergelassen, die so groß war wie das Leben und so flüch-
tig wie der Augenblick. Oder wie Jorge Luis Borges es in
seinem Gedicht ausdrückte:

Wo sind die Jahrhunderte geblieben, wo ist der Traum,
Den die Schwerter der Tartaren träumten,
Und wo sind die starken Mauern, die sie niederrissen,
Wo ist das Holz von Christi Kreuz und wo Adams Baum?
Nur die Gegenwart. Die Erinnerung
Beeinflusst die Zeit. Nacheinander und Irrtum
Sind die Routine der Uhr. So hohl
Das Jahr, so hohl ist die Geschichte auch.
Zwischen Morgen und Abend ersreckt sich die Zeit
Der letzten Lebenszüge, der Lichter und der Ängste;
Das Gesicht in den blinden
Spiegeln der Nacht ist nicht mehr dasselbe.
Das flüchtige Jetzt ist so zerbrechlich wie ewig;
Erwarte keine andere Hölle, keinen anderen Himmel.

12 DJAM KARET
Der Wunsch, es möge ein Ende haben

GEGENÜBER UNSERER GRUNDSCHULE befand sich ein Altersheim. Zwischen den beiden Gebäuden lag eine Grünanlage, aber auch eine ganze Ewigkeit.

Wenn ich mich recht entsinne, gab es damals noch keine Rollatoren, sondern nur Spazierstöcke und Rollstühle. Jeden Vormittag umrundete eine kleine bucklige Frau die Grünanlage, mit der Gehhilfe und dem weißen Pudel brauchte sie dazu fast den ganzen Morgen. Allein die Zeit, die verging, bis sie die gläserne Eingangstür hinter sich gebracht hatte, machte ein ganz anderes Wesen aus ihr – in der Zwischenzeit lernten wir schreiben und rechnen.

Ich weiß nicht, ob die Grünanlage heute noch genau so aussieht wie damals, doch wenn, dann würde niemandem etwas an ihr auffallen. Es wäre eine einfache Grünanlage. Jedoch nicht für mich. Ihr verdanken viele Erinnerungen an meine Schulzeit ihr ganz besonderes Aroma. Durch ungezählte, in meinem Gedächtnis bewahrte Ereignisse ist es mir ein Leichtes, dieses Stück Erdboden weitgehend zu rekonstruieren. Auf der einen Seite befanden sich ein ovales Rasen-

stück mit einer Zierkirsche, umgeben von Rhododend-
ronsträuchern, in der Mitte zwei Tannen und eine Birke und
auf der anderen Seite erstreckte sich eine Hagebuttenhecke.

Dieses Stückchen Erde, das zudem noch von einer
kniehohen Ligusterhecke umgeben war, bildete das Über-
gangsgebiet von der Welt, in der meine Lehrer und Lehrerin-
nen das Sagen hatten, zur Welt, in der mein Vater und meine
Mutter bestimmten, was geschah. Auf diese Weise betrat ich
mit der Grünanlage erstmals einen öffentlichen Raum vollkommen selbständig – dort fand mein erstes Zusammentreffen mit der wirklichen Welt statt. Hier fanden einige legen-
däre Schneeballschlachten zwischen den Schülern unserer
Grundschule und der Hauptschule nebenan statt, hier wartete ich mittags auf den gelben Volvo meines Vaters.

Vor allem in meinen Erinnerungen an das endlose
Warten auf meinen Vater spielt diese Grünanlage eine un-
verzichtbare Rolle – so wie Filmmusik den Blick des Betrach-
ters steuert, ohne dass dieser überhaupt bemerkt, dass eine
Musik erklingt.

Erst, wer nach etwas Ausschau hält, stellt fest, dass
die Welt kein Guckkasten ist, in den man beliebig einen
Blick hineinwerfen kann. Beim Warten erkennt man, dass
man nicht selber entscheidet, was man sieht. „Einen Blick
auf die Welt werfen" ist übrigens eine irreführende Formulierung. Wir werfen keinen Blick auf die Welt, unser Blick *ist*
die Welt. Schließlich besteht unsere Wahrnehmung aus den
Substanzen der Welt.

Wir sagen schon mal, dass eine deprimierende Umgebung unseren Blick auf die Welt beeinflusst, doch die Sa-

che ist viel komplexer: Unser Schauen vollzieht sich ausschließlich in der Welt. Es wird also weniger von den Launen der Welt beeinflusst, als dass es diese Welt selbst ist. Damit ist der Blick so launenhaft wie die Welt – die Welt, die wir am eigenen Leib erfahren. Das erklärt auch, warum eine deprimierende Aussicht so schwer zu ignorieren ist, denn wir sind diese Aussicht selbst.

Wenn wir Warten definieren als eine Zeitspanne zwischen dem ersten Moment des Wartens bis zum Eintreffen des Erwarteten, dann entgeht uns die Rolle der Wahrnehmung dabei. So mancher glaubt, dass Warten als Wunsch, es möge ein Ende haben, allerorten möglich ist. Schließlich ist das, worauf man wartet, wichtig und nicht das, was man vor Augen hat, während man wartet. Doch das stimmt nicht ganz. Die Umgebung des Wartens bestimmt dessen Inhalt. So wie wir uns nicht entscheiden können, in welche Welt wir hineingeboren werden, haben wir auch keinen Einfluss auf den Ort, an dem wir unser ganzes Leben wartend verbringen.

Mit Warten bezeichnet man nicht nur einen bestimmten Zeitraum, Während des Wartens nehmen wir einen grundlegenden Kontakt zur Welt auf, der es uns sogar gelegentlich ermöglicht, den Lauf der Welt mit dem Lauf des individuellen Erlebens in Übereinstimmung zu bringen.

Nicht jedes Warten geschieht voller Ungeduld. Man wartet anders auf einen Zug, der sich von weitem nähert, als auf einen Zug, der noch nicht zu sehen ist, selbst wenn die Wartezeit in beiden Fällen gleich lang ist. Ungeduld nimmt auch nicht proportional zur Länge des Wartens ab. Im Gegenteil, die Ungeduld wird größer, je näher man dem Ziel kommt. Das erkennen wir am eindrücklichsten, wenn wir unterwegs nach Hause sind und dringend auf die Toilette müssen. Unerträglich wird es erst dann, wenn man vor der Haustüre steht und das Schloss nicht gleich aufbekommt.

Mehr oder weniger kennt jeder die Ambivalenz des langen Wartens. Der Wunsch, es möge ein Ende nehmen, kann ein bittersüßes Verlangen sein: Auf der einen Seite ist man frustriert, keinen Einfluss auf das Herbeiführen des Endes zu haben, auf der anderen Seite genießt man dieses Unvermögen – wer wartet ist nicht verantwortlich für den Eintritt des Erwarteten. Man ist in gleichem Maße Sklave der Zeit wie befreit von ihr. Cornelis Verhoeven erkennt diese Ambivalenz in Verwandtschaft der Wörter „Wartender" und „Wächter". Seiner Ansicht nach glaubt der Wartende zu wissen, worauf er wartet, und strebt danach, die Zeit des Wartens, die Zeit bis zur Erfüllung, auf Null zu reduzieren, denn es verursacht Zeitverlust und unnötige Verzögerung. Ein Wächter dagegen ist einer, der wacht, der wach ist. Ein Wächter weiß nicht, worauf er wartet, im Grunde wartet er auf das Unerwartete, das sich jeden Moment ereignen kann. Das Schicksal eines Wächters lässt sich leichter erdulden als das eines Wartenden: „Es ist schwieriger, sich Mächten gegenüber passiv und geduldig zu verhalten, die wir zu kennen glauben, mit denen wir uns vergleichen können und denen wir uns nicht unterwerfen wollen, als wartend konfrontiert zu sein mit der Überlegenheit einer anonymen Wirklichkeit, den unergründlichen Gesetzen der Natur oder einem Schicksal, dem wir ausgeliefert sind, ohne zu wissen wie und warum."

Wenn ich bei der Grünanlage auf das Auto meines Vaters wartete, genoss ich vor allem die Freiheit, die das Warten mit sich brachte. Und wenn der gelbe Volvo, den ich vor meinem geistigen Auge bereits einige Male um die Straßenecke hatte biegen sehen, dann schließlich auftauchte, war die Welt eine andere.

Durch das Fenster des Klassenzimmers betrachtet, sah die Grünanlage ein wenig aus wie ein Guckkasten, vor allem mittags, wenn die wartenden Eltern täglich das gleiche stumme Schauspiel lieferten. Sander Steenhuis' Mutter tauchte mit ihrem Auto als erste am Straßenrand auf, dann kam Jeroen Nieuwenenks Mutter mit dem Fahrrad angeradelt, und am Ende eilte Agnes' Mutter herbei, an der Leine einen riesigen, alles niederbellenden Bouvier. Nachdem wir Kinder in dieses Panorama entlassen worden waren, plauderten die Mütter noch eine Weile und wir tobten währenddessen in der Grünanlage herum. Die Welt schien mitsamt der dazugehörigen Zeit ganz und gar uns zu gehören.

Das Warten auf meinen Vater begann erst, nachdem das letzte Auto verschwunden war. Manchmal stand der Volvo dann schon auf dem Parkplatz des Altersheims, wo mein Vater Patienten zu betreuen hatte. Und einige Male sah ich ihn sogar, wie er mit seiner schwarzen Arzttasche durch die Flure des Gebäudes hastete, was nicht bedeutete, dass seine Visite beendet war.

Obwohl mein Vater fast täglich von meiner Mutter zurechtgewiesen wurde, weil er wieder einmal zu spät zum

Abendessen kam, weiß ich, dass ich damals nicht der Ansicht war, das läge an seinem mangelnden Organisationstalent. Mein Vater hatte in meinen Augen einen wichtigen Beruf, der eben oft mit profanen Schul- und Essenszeiten in Konflikt geriet. Und ich bin froh, dass ich so darüber dachte, denn wenn ich mich geärgert hätte, weil er vieles für wichtiger hielt, als mich pünktlich von der Schule abzuholen, dann hätte Ungeduld mir das Warten vergällt und ich hätte die angenehme Seite des Wartens niemals kennengelernt. Denn diese zeigte sich erst, nachdem alle weg waren.

Aus Langeweile erfand ich ein Spiel, bei dem es darum ging, so lange wie möglich keine Menschenseele zu entdecken. Zuerst blickte ich in alle Richtungen, um sicher zu gehen, dass ich der einzige Schüler war, der noch da war. Ich hoffte, dass sich hinter den Fenstern der Schule, des Altersheims und den Häusern jenseits der Zierkirsche kein menschliches Leben zeigte. Kein Auto- oder Fahrradfahrer, kein Fußgänger sollte zu sehen und am besten auch nicht zu hören sein. Derart menschenlos verwandelte sich mein Warten dann unbemerkt in die Welt selber, in der ich wartete: Es wurde die Parkanlage, das Altenheim, der schwarze Straßenasphalt selbst. Die Welt war nicht länger ein Objekt der Wahrnehmung, sondern die Wahrnehmung selbst.

Von da an verband ich den Ausdruck „mittags" immer mit dem Gefühl, das ich damals empfand, wenn Zeit, Welt und mein Erleben unlösbar ineinander zu fließen schienen.

Mein Glück war perfekt, wenn in dieser Menschenlosigkeit plötzlich das Auto meines Vaters auftauchte und wir verschwunden waren, bevor sich irgendeine andere Menschenseele der Welt gezeigt hatte.

Ich selbst muss mich ständig beeilen, um mittags pünktlich bei der Schule meiner Tochter zu sein. Meistens steht sie dann schon draußen, das letzte Kind neben der Lehrerin, und blickt sich ruhig um.

Obwohl ich gute Erinnerungen an das Warten auf meinen Vater habe, ist das nicht der Grund, warum ich heute fast immer zu spät komme. Zuspätkommen ist einfach eine meiner schlechten Angewohnheiten. Es resultiert aus meinem Widerwillen gegen das Zufrühkommen. Obwohl von all den schlechten Angewohnheiten, die ein Mensch haben kann, das Zuspätkommen oder eigentlich das Zuspätaufbrechen ein recht unschuldiges ist, versuche ich schon seit ewigen Zeiten zu begreifen, warum ich lieber zu spät als zu früh komme.

Weil uns die kleineren menschlichen Verfehlungen so unbedeutend erscheinen, vergessen wir oft, nach den Ursachen dieser Verfehlungen zu suchen, wodurch wir die größeren Zusammenhänge nicht erkennen können. Ich weiß einfach nicht, warum ich so wenig bereit bin, die kleine Unannehmlichkeit, etwas früher aufzubrechen, auf mich zu nehmen. Es ist sogar so, dass wenn es gar keinen Hinderungsgrund dafür gibt, rechtzeitig aufzubrechen, mich ein fast körperlicher Widerwille, ein leichtes Gefühl des Ekels daran hindert. Es bereitet mir sogar ein extra Vergnügen, dann, wenn ich eigentlich schon aufbruchsfertig bin, noch rasch zur Gitarre zu greifen und eine kleine Melodie zu klimpern. Als müsste ich die zusätzliche Zeit gewinnbringend nutzen. Welcher Wille hier wirkt, ist mir ein Rätsel, aber genau so habe ich es immer empfunden.

Ein Schulfreund reagierte verärgert, als ich wieder einmal zu spät zur Gruppe der Kinder stieß, die gemeinsam mit dem Fahrrad zur Schule radelten: „Wenn du drei Minuten früher losfährst, dann könntest du den ganzen Weg mit uns zusammen fahren." Obwohl ich den Jungen gerne mochte, reizte mich die Vorstellung nicht, pünktlich losfahren zu müssen. Aus Scham gab ich ihm allerdings Recht.

„Überhaupt kein Zeitgefühl", tadelte meine Mutter meinen Vater kopfschüttelnd, wenn er wieder zu spät aufbrach. Dabei war sein Timing im Sport und in der Musik perfekt. Sollte das richtige Timing in einem Bereich funktionieren und im anderen nicht? Bedeutete Timing nicht, das man ein Gefühl für die Zeit besitzt?

Um die Diskussionen zu beenden, setzt mein Vater ab und zu den Trumpf seiner indonesischen Herkunft ein. *Djam karet*, sagt er dann – das bedeutet so viel wie dehnbare Zeit. Und in Anbetracht dessen kann meine Mutter sich noch glücklich schätzen. Während meiner einzigen Reise nach Indonesien musste ich feststellen, dass die indonesische Zeit eine sehr, sehr dehnbare Zeit ist. Eine Stunde zu spät zu kommen ist normal, und einen ganzen Tag kaum der Erwähnung wert.

Nicht, dass ich darauf stolz bin, aber ich habe lange Zeit geglaubt, dass mein Unvermögen, früh aufzubrechen, schlichtweg die Folge meiner Faulheit ist. Ich will gewiss nicht leugnen, dass ich eine Veranlagung für Faulheit habe – wer kann schon von sich behaupten, nicht faul zu sein? – doch dieses Eingeständnis bringt uns nicht weiter. Der Begriff der Faulheit verschleiert mehr als er aufdeckt, was daran liegt, dass Faulheit ein Vorurteilsbegriff ist: Die Sozialgemeinschaft nennt ein Individuum dann faul, wenn es sich den Verpflichtungen, die eine Gemeinschaft an ihn stellt, entzieht. Wer sich nicht wie erforderlich am Gemeinwesen beteiligt, ist entweder unwillig oder faul. Faulheit umgangssprachlich verstanden, ist gekoppelt an den Wunsch, sich nicht verausgaben zu wollen, sie steht für eine gewisse Lustlosigkeit, die im Nichtstun endet.

François de la Rochefoucauld versteht in seinen *Reflexions ou sentences et maximes morales* (Maximen and Reflexionen, 1664/1665) die Faulheit anders. Sie ist für ihn nicht ein äußerliches Verhalten, sondern Ausdruck einer individuellen Erfahrung. Faulheit ist nicht ein Mangel an Lust, sondern eher eine bösartige Lust. „Von allen Leidenschaften ist die Faulheit […] die brennendste und bösartigste unter ihnen", schreibt er. „Wenn wir genau prüfen, wie sie funktioniert, sehen wir, wie sie sich bei jeder Gelegenheit unserer Gedanken bemächtigt, unserer Interessen und unserer Vergnügen." Im Gegensatz zur Verweigerungshaltung, die darin besteht, einfach keine Lust zu haben, etwas zu tun, ist diese bösartige Leidenschaft verzweifelt auf der Suche nach einer Lust. „Die Ruhe der Faulheit übt einen verborgenen Zauber auf die Seele aus, die plötzlich ihr eifriges Streben unterbricht und ihren festesten Entschluss aufgibt. Um schließlich eine richtige Idee dieser Leidenschaft zu geben, muss man sagen, dass die Faulheit eine Glückseligkeit der Seele ist, welche sie über alle ihre Verluste tröstet und ihr als Ersatz aller ihrer Güter dient."

Diese gnadenlose Analyse ist bezeichnend für La Rochefoucaulds pessimistische Sicht auf das Leben. Obwohl ein argwöhnischer Blick auf die Welt bisweilen fruchtbarer ist als der ungebrochene Idealismus eines optimistischen Denkers, kann auch der Blick eines Pessimisten getrübt sein. Und das scheint mir bei La Rochefoucauld hier der Fall zu sein, macht er mit seinen Worten doch deutlich, dass Faulheit ihre eigenen Beweggründe besitzt und keineswegs aus einem vollkommen geistlosen Zustand resultiert. Auch wenn Faulheit oft bei einsamen Menschen vorkommt, beweist La Rochefoucauld in seiner Analyse, dass die Faulheit weiterhin den Kontakt zur Welt hält. Und wie schlecht kann eine solche Leidenschaft sein?

Wenn die Faulheit es mir erlaubt, mich über die Erwartungen meiner Mitmenschen hinwegzusetzen, und mich trotz bedrängter Zeit zur Gitarre greifen lässt, dann ist sie eine seelentröstende Glückseligkeit, die für viele die Rettung sein könnte.

Vor allem, wenn die Erwartungen zu zahlreich, zu hoch und zu vielfältig sind. Ähnlich wie eine minimale Dosis Gift kann ein klein wenig Faulheit therapeutisch wirken.

Vielleicht fürchten faule Menschen weniger die Ermüdung als das Chaos, das heißt, sie sehnen sich nach einer Form. Das würde auch erklären, warum die meisten faulen Menschen für ein Spielchen zu haben sind. Dabei leben sie oft auf und können sich sogar zu großen körperlichen Leistungen aufschwingen. Das liegt nicht unbedingt daran, dass mit dem

Spiel die schwere Last des ernsten Alltags von ihnen abfällt, sondern daran, dass ihr Leben plötzlich einen Sinn erhält.

Darin liegt das Wesen des menschlichen Spiels: Als Musik, Tanz oder sogar Sport gießt es die überwältigenden Möglichkeiten der Wirklichkeiten in eine Form.

Auch der Faule will etwas, vielleicht will er sogar mehr als jeder andere. Aber aus Mangel an Eindeutigkeit verfehlt sein Wille die richtige Spur. Das Spiel der Phantasie nennen Kant und Schopenhauer das Zusammenfügen der im Überfluss vorhandenen Anknüpfungspunkte, die die Welt uns bietet. Somit besteht das eigentliche existentielle Problem des Menschen nicht im menschlichen Defizit, mehr zu wollen als zu können, sondern im Zuviel, dem der Mensch nur durch die Form Herr werden kann. Jedes menschliche Bestreben ist der Versuch, dieses uns überfordernde Zuviel sinnvoll zu reduzieren. Die Faulheit und ihr heimliches Vermögen, die Seele zu betören, sind ein Ersatz für die noch fehlende Sinnfälligkeit des Lebens.

Dass das Warten oft bessere Ergebnisse zeitigt als Tatendrang, entdeckte ich, als mir mein Vater auf dem weißen Berberteppich unseres Wohnzimmers einiges mehr über Judo beibrachte. Die samstäglichen Judostunden im Vereinshaus des Dorfes widmeten sich vor allem den Tätlichkeiten wie Werfen und Griffe. Diese probierte ich dann zuhause fanatisch an meinem Vater aus, der mich zum Spaß provozierte. Doch was ich auch versuchte, immer landete ich einen Moment später mit dem Rücken auf der Erde. Vater ließ uns niemals gewinnen, bei keinem einzigen Spiel.

Er lehrte mich, dass man beim Judo nur mit Geduld gewinnen könne. „Versuch mal, mich umzustoßen." Mit aller Kraft, die ich als Sechsjähriger im Leib hatte, presste ich meine Hände gegen seinen Rumpf. Bumm, da lag ich wieder. „Nachgeben", sagte er und fuhr elegant mit der rechten Hand schräg von der Brust an seiner Seite entlang Richtung Erdboden. „Du musst mit der Kraft mitgehen."

„Ist das da drüben dein Gegner", fragte mich mein Vater bei einem meiner ersten Turniere. Er blickte auf einen großen Jungen, der mit einer Tüte Chips in den Händen auf einer Matte saß. Ich nickte. „Lass ihn die Arbeit machen. Hab Geduld, versuche nicht, ihn mit einem Wurf zu besiegen. Er ist zu schwer für dich. Warte einfach, bis er dich werfen will und dann hakst du ein."

Doch auch das Warten muss gelernt werden. Der Junge warf mich innerhalb weniger Sekunden auf die Matte. Ich hatte nicht mal Zeit, geduldig zu sein, da hatte er mich schon im Würgegriff. Bei den Vereinsmeisterschaften ungefähr ein Jahr später, war ich in Geduld schon geübter und gewann von da an immer auf die gleiche Weise, mit einem Hüftwurf und einem Würgegriff, mit dem ich den Gegner zwanzig Sekunden lang festhielt.

Wie ich es lernte, geduldig zu sein und abzuwarten, weiß ich nicht, doch ich weiß genau, dass ich irgendwann aufhörte, den Gegner als Gegner zu sehen. Bis dahin hatte ich mich vor den fremden Körpern in den weißen Anzügen gefürchtet, ich hatte sie gerochen und verzweifelt nach dem Geheimnis jedes einzelnen Gegners gesucht. Das hörte irgendwann auf. Zwar sah ich nach dem *hajime* des Schiedsrichters immer noch alles überdeutlich vor mir: die Ergebnistafel, die Matte, den Schiedsrichter in der blauen Jacke, und den Gegner, doch jetzt schien sich alles in einem einzigen konzentrierten Tanz aufeinander zu zu bewegen. Das Tempo des Gegners war jetzt mein Tempo geworden, wie beim Warten in der menschenleeren Parkanlage zwischen meiner Schule und dem Altersheim.

Vor meinem Umzug nach Groningen, fuhr ich noch einmal in Sommerurlaub und brachte vorher schon mal meine Katze Gijsje zu einer Bekannten, die in der Nähe wohnte. Wir kehrten einen Tag früher zurück als geplant, weil mein Großvater gestorben war. Als ich Gijsje abholen wollte, gestand mir die Bekannte, dass meine Katze weggelaufen sei. Sie habe überall nach ihr gesucht und sogar Suchzettel aufgehängt. Ergebnislos. Dennoch wollte ich selber noch nach ihr suchen. Wo aber sucht man in einer großen Stadt nach einer entlaufenen Katze?

Am ersten Tag suchte ich in der Nähe des Hauses, in dem meine Bekannte wohnte. Am zweiten kämmte ich die Stadt in südliche Richtung durch, Viertel für Viertel, und danach wollte ich mit dem Fahrrad bis nach Haren fahren, wo im großelterlichen Haus mein Großvater aufgebahrt lag.

Es war Anfang August und jetzt um die Mittagszeit furchtbar heiß. In einem netten Vorstadtviertel sah ich, wie eine rote Katze unter eine Ligusterhecke schoss. Sie schien mir etwas zu knochig für meine Gijsje zu sein, aber vielleicht hatte ich sie ja in der fremden Umgebung nicht richtig erkannt. Ganz vorsichtig lehnte ich das Fahrrad an die Hecke und ließ mich auf allen vieren nieder. Das Straßenpflaster war warm. Um mich schnell und lautlos vorwärtsbewegen zu können, krabbelte ich auf Händen und Füßen wie eine Katze die Hecke entlang. Keine rote Katze zu sehen. Ungeduldig kroch ich nun in kauernder Haltung bis zur Straßenecke. Als ich um die Ecke lugte, schaute ich in die Augen dreier furchtloser Katzen. Zwei schwarze und die knochige rote von eben. Das Tier fing an sich zu waschen. Es war nicht Gijsje. Aber angesichts der vorgefundenen Katzenkonferenz, glaubte ich, auf der richtigen Spur zu sein.

Ich ließ den Blick durch die Umgebung schweifen. In der breiten Allee waren fast keine Autos zu sehen und als ich in die Richtung meines Fahrrads blickte, zeichneten sich plötzlich vollkommen lautlos münzgroße Flecken auf dem Straßenpflaster ab: Es regnete. Ich blieb noch eine Weile stehen, und ging dann, während der warme Regen den Stoff meines Poloshirts durchweichte, Richtung Fahrrad und suchte Schutz in einer Tiefgaragenzufahrt. Unter einem Vordach flach gegen das Aluminiumtor gepresst, blickte ich in den Himmel, den jemand mit dunkelgrauer Farbe zugekleckst zu haben schien. Es donnerte. Der Regen fiel senkrecht aus der Luft und rann in immer stärker werdenden Schlangenlinien abwärts in das Gitter vor der Garage. Ameisen, Asseln, Spinnen und eine Schnecke krochen fluchtartig aus dem Gitter hervor, während ich mir überlegte, wo ich noch suchen könnte.

Die Schnecke war schon einen Meter die Hauswand emporgekrochen, als mir klar wurde, dass alles Suchen vergeblich sein würde. Ich musste an meinen Großvater denken, der noch auf dem Sterbebett durch einen Strohhalm seinen Riesling getrunken hatte, und an meine Familie, die jetzt ein paar Kilometer entfernt im Haus in Haren versammelt war. Worauf wartete ich eigentlich? Wo sollte ich suchen? Gijsje konnte sich hinter jedem Strauch versteckt halten und war vermutlich längst nicht mehr in der Gegend.

Worauf warten wir eigentlich unser ganzes Leben lang? Auf welche Apotheose? Und wenn das Leben schließlich endet, hört das Warten dann auf? Oder endet das Leben wie eine weggelaufene Katze, die überall sein kann, sich aber nirgends zeigt? „Ja, mancher steht und wartet in der Welt, und weiß nicht recht, worauf er warten soll."

EINIGE DIESER ESSAYS erschienen in Auszügen entweder in den Tageszeitungen *Trouw* und *nrc.next* oder waren Gegenstand von Vorträgen.

QUELLEN

Literatur

Arendt, Hannah: *Vom Leben des Geistes, Das Denken,* München 1998.

Barthes, Roland: *Die helle Kammer, Bemerkungen zur Photographie,* Frankfurt/ Main 1986.

Coetzee, J.M. *Leben und Zeit des Michael K.,* übers. von Wulf Teichmann, München 1986.

Habermas, Jürgen: *Die neue Unübersichtlichkeit und andere Aufsätze,* Frankfurt/Main 1985.

Heertje, Raoul: *Mark Rutte is lesbisch,* Amsterdam 2011.

Kant, Immanuel: *Grundlegung zur Metaphysik der Sitten,* hrsg. von Karl Vorländer, Hamburg 1965.

Kleist, Heinrich von: *„Über die allmähliche Verfertigung der Gedanken beim Reden",* http://kleist.org/phocadownload/ueber_die_allmaehlige_verfertigung_der_gedanken_beim_reden.pdf.

Kockelkoren, Petran: *Techniek: kunst, kermis en theater,* Rotterdam 2003.

Kousbroek, Rudy: *Het meer der herinnering,* Amsterdam 1984.

Lamme, Victor: *De vrije will bestaat niet. Over wie er echt de baas is in het brein,* Amsterdam 2010.

Levinas, Emmanuel: *Totalität und Unendlichkeit. Versuch über die Exteriorität,* Freiburg/ München 1987.

Márai, Sándor. *Die Glut,* übers. von Christina Viragh, München 1999.

Ovid: *Metamorphosen,* übers. von Johann Heinrich Voß, Hamburg 1990.

Rochefoucauld, François de la: *Maximen und Reflexionen,* übertr. von Manfred Nussbächer, Stutgart 1969.

Safranski, Rüdiger: *Arthur Schopenhauer und Die wilden Jahre der Philosophie. Eine Biographie,* München 1987.

Schopenhauer, Arthur: *Die Welt als Wille und Vorstellung,* hrsg. von Ludger Lütkehaus, München 1998.

Schwab, Gustav: *Die schönsten Sagen des klassischen Altertums. Nach seinen Dichtern und Erzählern,* 2 Bände, Leipzig 1965.

Simmel, Georg: *Die Psychologie des Schmucks.* Aus: Der Morgen. Wochenschrift für deutsche Kultur, begründet und hrsg. von Werner Sombart zusammen mit Richard Strauß, Georg Brandes und Richard Muther unter Mitwirkung von Hugo von Hofmannsthal, 2. Jg., No. 15 vom 10. April 1908, Berlin.

Steiner, Rudolf: *Die Philosophie der Freiheit*, http://anthroposophie.byu.edu/schriften/004.pdf.

Szymborska, Wisława: *Gespräch mit dem Stein*, http://50097.forumromanum.com/member/forum/forum.php?action=std_show&entryid=1035 600092&USER=user_50097&threadid=2.

Szymborska, Wisława: *Der Augenblick Chwila*, http://www.planetlyrik.de/wislawa-szymborska-der-augenblick-chwila/2012/04/.

Tilburg, Theo van (und Jenny de Jong Gierveld), *Zicht op eenzaamheid*, Assen 2007.

Verhoeven, Cornelis, *Dierbare woorden*, Budel 2002.

Weber, Nancy, *The Life Swap*, Lincoln 2006.

Wittgenstein, Ludwig, *Tractatus logico-philosophicus*, Frankfurt/ Main 1973.

Žižek, Slavoj: „*The Sex of Orpheus*", http://www.lacan.com/zizekopera2.htm.

Film, Fernsehen, Gemälde, Fotografie

Lean, David, *The Bridge on the River Kwai*, 1957

Nuijen, Kim, „*Instant* " *reflex*, 2011.

Verheul, Thom, *Tabee Toean*, 1995.

Werkhoven, Isabelle, *Strange Phenomenon*, 2008, 40 x 60 cm, Ölfarbe auf Leinen (Eigentum Firmensammlung Zaanstad), vgl. www.isabellawerkhoven.nl.

Musik

Bach, Johann Sebastian, *Goldberg Variationen*, Glenn Gould, 1955.

Bach, Johann Sebastian, *Goldberg Variationen*, Glenn Gould, 1982.

Bach, Johann Sebastian, *Partita Nr. 2 in c-moll*, Glenn Gould, 1960.

Belafonte, Harry: „*Where have all the flowers gone*" (Live, Stockholm, Schweden, 1966)

Gluck, Christoph Willibald, *Orpheo ed Euridice* (First Vienna Version, Arnold Östmann & Drotningholm Theatre Chorus And Orchestra.

Young, Neil: *Live At Massey Hall*, 1971.

Zandt, Townes van, *Heartworn Highways*, 1976.

Zandt, Townes van, *A Private Concert: Holiday Inn*, Houston 1988.